Petites perversions ordinaires

Sigmund Freud

Petites perversions ordinaires

Anthologie de textes rassemblés
par Romain Enriquez

Sommaire

III Aux origines de la perversion

IV Sens et valeur de la perversion

De ce que nous nommons perversions sexuelles, c'est-à-dire des transgressions de la fonction sexuelle relativement aux régions corporelles et à l'objet sexuel, il faut savoir parler sans indignation. Le manque de frontières déterminées où enfermer la vie sexuelle dite normale, suivant les races et les époques, devrait suffire à calmer les trop zélés. Nous ne devons pas oublier que de ces perversions, la plus dégoûtante pour nous, l'amour sensuel de l'homme pour l'homme, fut, chez un peuple d'une culture tellement supérieure à la nôtre, le peuple grec, non seulement toléré, mais même chargé d'importantes fonctions sociales. Chacun de nous dépasse, soit ici, soit là, dans sa propre vie sexuelle, les frontières étroites du normal. Les perversions ne sont ni des bestialités, ni de la dégénérescence dans l'acception pathétique du mot. Elles sont dues au développement de germes qui, tous, sont contenus dans la disposition sexuelle non différenciée de l'enfant, germes dont la suppression ou la dérivation vers des buts sexuels supérieurs – la sublimation – est destinée à fournir les forces d'une grande part de nos actions et œuvres en tant que civilisés.

« Dora », *Cinq psychanalyses*, PUF, 1954

Qu'est-ce qu'une perversion ? Si le mot est devenu à la fois séduisant et effrayant, attirant et repoussant, c'est en bonne partie l'œuvre de Sigmund Freud. Le fondateur de la psychanalyse fit en la matière quatre découvertes majeures, qui ont inspiré le plan de cette anthologie.

1) La perversion n'est pas une déviance individuelle par rapport à une norme universelle, elle s'inscrit au cœur même de la norme et se retrouve donc en puissance chez tous les hommes.

2) Cette « norme » et cette « perversion » ne peuvent se comprendre que par rapport à la vie sexuelle : Freud fait ainsi de la sexualité une dimension essentielle, souvent refoulée, de l'existence humaine.

3) Cette vie sexuelle commence avec la petite enfance, période fertile en expériences et en découvertes. Le pervers est celui qui s'est fixé sur un comportement infantile ou se protège contre un souvenir obsédant ou traumatisant de cette période ; il s'attache à des scénarios répétitifs et stéréotypés, dans lesquels l'autre est considéré moins comme une personne que comme un figurant.

4) Il est cependant délicat de dire où commence la perversion et ce qui constitue une vie sexuelle « saine » : les définitions varient selon les mœurs et les époques, et une civilisation trop répressive envers les pulsions sexuelles risque fort d'engendrer de nouveaux pervers.

Alors, malheur à qui leur jettera la première pierre ! L'institution psychiatrique a rayé les perversions de la liste des pathologies, c'est-à-dire des maladies : elles sont rentrées dans le cours ordinaire de la vie de chacun. Comme l'écrit avec élégance Jean-Paul Hiltenbrand dans le *Dictionnaire de la psychanalyse* (Larousse, 1995), la perversion est désormais simplement considérée comme un « point faible de l'homme ».

I. Petites pratiques sexuelles perverses

1) Le baiser

LE SENTIMENT DE DÉGOÛT

L'utilisation de la bouche comme organe sexuel vaut comme perversion quand les lèvres (langue) d'une personne sont amenées au contact des organes génitaux de l'autre, mais pas quand les muqueuses labiales des deux parties se touchent réciproquement. C'est cette dernière exception qui permet un rattachement au normal. Quiconque abomine au titre de perversions les autres pratiques qui sont sans doute usitées depuis les temps originaires de l'humanité cède ce faisant à un net *sentiment de dégoût*, qui le protège de l'acceptation d'un tel but sexuel. Cependant, la limite de ce dégoût est souvent purement conventionnelle ; quiconque embrasse par exemple avec ferveur les lèvres d'une belle jeune fille ne pourra peut-être utiliser qu'avec dégoût la brosse à dents de celle-ci, bien qu'il n'y ait aucune raison de supposer que sa propre cavité buccale, qui ne lui inspire aucun dégoût, soit plus propre que celle de la jeune fille. On est ici rendu attentif au facteur du dégoût, qui se met en travers de la surestimation libidinale de l'objet sexuel, mais qui peut être à son tour surmonté par la libido. On serait tenté d'apercevoir dans le dégoût l'une des forces qui ont mis en place la limitation du but sexuel. En général, celles-ci font halte devant les organes génitaux eux-mêmes. Mais il ne fait pas de doute que les organes génitaux de l'autre sexe peuvent aussi être en eux-mêmes objet de dégoût, et que ce comportement fait partie des caractéristiques de tous les hystériques (notamment des féminins). La vigueur de la pulsion sexuelle aime à se manifester dans le surmontement de ce dégoût.

Trois essais sur la théorie sexuelle (1905-1924),
traduction de Fernand Cambon,
© Flammarion, coll. Champs Classiques, 2011, p. 112-114

2) La fellation

Qu'un symptôme ait plus d'une signification, qu'il serve à la représentation de plus d'une pensée inconsciente, ceci s'apprend bientôt lorsqu'on s'engage dans le travail psychanalytique. J'aimerais même ajouter qu'à mon avis, une seule pensée ou fantasme inconscient ne suffit presque jamais à engendrer un symptôme.

L'occasion se présenta bientôt de donner à la toux nerveuse une pareille interprétation par une situation sexuelle. Lorsque Dora eut souligné une fois de plus, que Mme K... n'aimait son père que parce qu'il était un homme *fortuné,* je m'aperçus, – à certaines petites particularités qu'elle avait dans la manière de s'exprimer et que je néglige ici comme je le fais de la plus grande partie purement technique du travail psychanalytique – que cette proposition masquait son contraire : à savoir que son père n'avait *pas de fortune.* Ceci ne pouvait avoir qu'un sens sexuel : mon père est, en tant qu'homme, impuissant. Lorsqu'elle eut approuvé cette interprétation, avouant avoir eu cette pensée consciemment, je lui montrai en quelle contradiction elle tombait en persévérant d'une part à croire que les rapports avec Mme K... étaient d'ordinaires relations amoureuses, et en affirmant d'autre part que son père était impuissant, c'est-à-dire incapable d'entretenir de pareilles relations. Sa réponse démontra qu'elle n'avait pas besoin d'admettre cette contradiction. Elle savait fort bien, dit-elle, qu'il existe plus d'une manière d'assouvissement sexuel. La source de ces connaissances cependant était une fois de plus introuvable. Lorsque je lui demandai si elle entendait l'utilisation d'autres organes que les organes génitaux dans les rapports sexuels, elle l'affirma ; et je pus poursuivre. Elle entendait alors précisément les organes qui, chez elle, se trouvaient dans un état d'irritation, la gorge et la cavité buccale. Il est vrai qu'elle n'en voulait rien savoir, mais, pour que le symptôme fût réalisable, il ne fallait donc pas qu'elle pût se rendre compte tout à fait clairement de ses pensées. La suite du raisonnement était pourtant inéluctable : elle se représentait, avec sa toux survenant par saccades et provoquée habituellement par un chatouillement dans le gosier, une situation sexuelle de rapports *per os* entre les deux personnes dont les relations amoureuses la préoccupaient sans cesse. Que la toux ait disparu très peu de temps après cette explication tacitement acceptée, s'accordait très bien avec notre conception ; mais nous ne voulûmes pas attacher trop de prix à ce changement, puisqu'il s'était effectué déjà si souvent, spontanément.

Si cette partie de l'analyse vient à provoquer, chez le lecteur médecin, outre l'incrédulité qu'il est libre d'avoir, encore de la surprise et de l'horreur, je suis prêt à examiner ici même ce qui justifie ces deux réactions. Je suppose que la surprise est motivée par ma hardiesse à parler avec une jeune fille – ou bien, en général, avec une femme dans l'âge de la nubilité, – de sujets si scabreux et si abominables. L'horreur se rapporte sans doute à la possibilité, qu'une chaste jeune fille puisse connaître pareilles pratiques et en occuper son imagination. Ici comme là, je conseillerais de la réserve et de la réflexion. Dans l'un comme dans l'autre cas, il n'y a pas de raisons de s'indigner. On peut parler de toutes les questions sexuelles avec des jeunes filles et des femmes sans leur nuire et sans se rendre suspect, premièrement si on adopte une certaine manière de le faire et deuxièmement si l'on sait éveiller en elles la conviction que c'est inévitable. Le gynécologue se permet aussi, dans les mêmes conditions, de leur faire subir toutes sortes de dénudations. La meilleure manière de parler de ces choses est la manière sèche et directe ; elle est, en même temps, la plus éloignée de la lubricité avec laquelle ces sujets sont traités dans la « société » et à laquelle les femmes et les jeunes filles sont très bien habituées. Je donne aux organes et aux phénomènes leurs noms techniques et je les communique dans les cas où ces noms sont inconnus. « *J'appelle un chat un chat* ».

« Dora », *Cinq psychanalyses*,
© PUF, 1954, p. 33-34.

Une seule fois, à ma connaissance, Léonard a inséré dans ses écrits scientifiques une donnée sur son enfance. En un endroit où il s'agit du vol du vautour, il s'interrompt soudain pour suivre un souvenir de ses très jeunes années qui remonte dans sa mémoire.

« Je semble avoir été destiné à m'occuper tout particulièrement du vautour, car un de mes premiers souvenirs d'enfance est, qu'étant encore au berceau, un vautour vint à moi, m'ouvrit la bouche avec sa queue et plusieurs fois me frappa avec cette queue entre les lèvres. »

Voici un déconcertant souvenir d'enfance ! Déconcertant par son contenu et aussi par la période de la vie où il est situé. Qu'un homme puisse conserver un souvenir datant du temps où il était nourrisson n'est peut-être pas impossible, mais nullement certain. De toute façon ce souvenir de Léonard : un vautour ouvrant avec sa queue la bouche de l'enfant, semble si invraisemblable, si fabuleux, qu'une autre interprétation levant d'un coup les deux difficultés se présente à l'esprit. Cette scène du vautour ne doit pas être un souvenir de Léonard mais un fantasme qu'il s'est construit plus tard et qu'il a alors rejeté dans son enfance. [...]

Mais considérons le fantasme au vautour de Léonard du point de vue du psychanalyste : il ne nous paraît plus longtemps si étrange, nous nous souvenons avoir souvent – par exemple dans les rêves – rencontré qui lui ressemble, et ainsi nous pouvons oser traduire ce fantasme de sa langue spéciale en langage ordinaire et compréhensible à tous. La traduction se rapporte alors à l'érotique. Queue, « coda » est le symbole le plus connu et la désignation d'« ersatz » du membre viril, en italien non moins que dans les autres langues ; la situation que représente le fantasme : un vautour ouvrant la bouche de l'enfant et s'y évertuant avec sa queue, correspond à l'idée d'une « fellatio », d'un acte sexuel dans lequel le membre est introduit dans la bouche d'une autre personne. Il est assez curieux que ce fantasme soit empreint d'un caractère si franchement passif ; il se rapproche de certains rêves ou fantasmes de femmes ou d'homosexuels passifs (jouant dans le rapport le rôle féminin).

Que le lecteur se maîtrise et ne refuse pas, dans son indignation, de suivre plus loin la psychanalyse, accusant celle-ci d'outrager de façon impardonnable, dès l'abord, la pure mémoire d'un grand homme ! En premier lieu, une telle indignation ne nous apprendra jamais ce que signifie le fantasme d'enfance de Léonard ; d'autre part, Léonard a indubitablement avoué un pareil fantasme, et nous ne pouvons renoncer à l'attente, si l'on veut, au préjugé, qu'un tel fantasme, – comme toute création psychique, rêve, vision ou délire, – possède un sens. Prêtons plutôt au travail analytique, qui n'a pas encore dit son dernier mot, toute l'attention qui lui est due.

La tendance à prendre dans la bouche le membre viril afin de le sucer, rangée par la société bourgeoise parmi les abominables perversions sexuelles, se rencontre pourtant souvent parmi les femmes de notre temps, – et, d'après le témoignage des œuvres d'art, se rencontra de même parmi les femmes des temps passés. Cet acte semble perdre, pour la femme amoureuse, tout caractère choquant. Le médecin trouve des fantasmes prenant source dans la même tendance chez des femmes qui n'ont ni lu la *Psychopathia sexualis,* de Krafft-Ebing, ni appris à connaître de quelque autre manière théorique la possibilité d'un pareil mode de satisfaction sexuelle. Les femmes arrivent aisément, semble-t-il, livrées à leur seule imagination, à échafauder de semblables fantasmes sous l'influence du désir. La suite de l'examen nous apprend alors que cette situation, si sévèrement condamnée par les mœurs, a une origine des plus innocentes. Elle n'est que la transposition d'une autre situation dans laquelle nous nous sentîmes tous heureux en notre temps quand, nourrissons, « *essendo io in culla* », nous prenions dans la bouche le mamelon de la mère ou de la nourrice et le tétions. La puissante impression organique qui demeure en nous de cette première de nos jouissances vitales doit rester indélébile ; et quand ensuite l'enfant apprend à connaître le pis de la vache, – qui est d'après sa fonction équivalente à un mamelon, d'après sa forme et sa position sous le ventre à un pénis, – il s'est rapproché d'autant de la choquante fantaisie sexuelle à acquérir plus tard.

Un souvenir d'enfance de Léonard de Vinci, trad. J. Altounian, A. et O. Bourguignon, P. Cotet et A. Rauzy, © Gallimard, « Idées », 1987, p. 49-55

3) La sodomie

Nous en concluons que l'élimination de l'urine et du contenu intestinal est pour le nourrisson une source de jouissance et qu'il s'efforce bientôt d'organiser ces actions de façon qu'elles lui procurent le maximum de plaisir, grâce à des excitations correspondantes des zones érogènes des muqueuses. Lorsqu'il en est arrivé à ce point, le monde extérieur lui apparaît, selon la fine remarque de Lou Andreas, comme un obstacle, comme une force hostile à sa recherche de jouissance et lui laisse entrevoir, à l'avenir, des luttes extérieures et intérieures. On lui défend de se débarrasser de ses excrétions quand et comment il veut ; ou le force à se conformer aux indications d'autres personnes. Pour obtenir sa renonciation à ces sources de jouissance, on lui inculque la conviction que tout ce qui se rapporte à ces fonctions est indécent, doit rester caché. Il est obligé de renoncer au plaisir, au nom de la dignité sociale. Il n'éprouve au début aucun dégoût devant ses excréments qu'il considère comme faisant partie de son corps ; il s'en sépare à contrecœur et s'en sert comme premier « cadeau » pour distinguer les personnes qu'il apprécie particulièrement. Et après même que l'éducation a réussi à le débarrasser de ces penchants, il transporte sur le « cadeau » et l'« argent » la valeur qu'il avait accordée aux excréments. Il semble en revanche être particulièrement fier des exploits qu'il rattache à l'acte d'uriner.

Je sens que vous faites un effort sur vous-mêmes pour ne pas m'interrompre et me crier : « Assez de ces horreurs ! Prétendre que la défécation est une source de satisfaction sexuelle, déjà utilisée par le nourrisson ! Que les excréments sont une substance précieuse, l'anus une sorte d'organe sexuel ! Nous n'y croirons jamais ; mais nous comprenons fort bien pourquoi pédiatres et pédagogues ne veulent rien savoir de la psychanalyse et de ses résultats. » Calmez-vous. Vous avez tout simplement oublié, que si je vous ai parlé des faits que comporte la vie sexuelle infantile, ce fut à l'occasion des faits se rattachant aux perversions sexuelles. Pourquoi ne sauriez-vous pas que chez de nombreux adultes, tant homosexuels qu'hétérosexuels, l'anus remplace réellement le vagin dans les rapports sexuels ? Et pourquoi ne sauriez-vous pas qu'il y a des individus pour lesquels la défécation reste, toute leur vie durant, une source de volupté qu'ils sont loin de dédaigner ? Quant à l'intérêt que suscite l'acte de défécation et au plaisir qu'on peut éprouver en assistant à cet acte, lorsqu'il est accompli par un autre, vous n'avez, pour vous renseigner, qu'à vous adresser aux enfants mêmes, lorsque, devenus plus âgés, ils sont à même d'en parler. Il va sans dire que vous ne devez pas commencer par intimider ces enfants, car vous comprenez fort bien que, si vous le faites, vous n'obtiendrez rien d'eux. Quant aux autres choses auxquelles vous ne voulez pas croire, je vous renvoie aux résultats de l'analyse et de l'observation directe des enfants, et je vous dis qu'il faut de la mauvaise volonté pour ne pas voir ces choses ou pour les voir autrement. Je ne vois aucun inconvénient à ce que vous trouviez étonnante l'affinité que je postule entre l'activité sexuelle infantile et les perversions sexuelles. Il s'agit pourtant là d'une relation tout à fait naturelle, car si l'enfant possède une vie sexuelle, celle-ci ne peut être que de nature perverse, attendu que, sauf quelques vagues indications, il lui manque tout ce qui fait de la sexualité une fonction de procréation. Ce qui caractérise, d'autre part, toutes les perversions, c'est qu'elles méconnaissent le but essentiel de la sexualité, c'est-à-dire la procréation. Nous qualifions en effet de perverse toute activité sexuelle qui, ayant renoncé à la procréation, recherche le plaisir comme un but indépendant de celle-ci. Vous comprenez ainsi que la ligne de rupture et le tournant du développement de la vie sexuelle doivent être cherchés dans sa subordination aux fins de la procréation. Tout ce qui se produit avant ce tournant, tout ce qui s'y soustrait, tout ce qui sert uniquement à procurer de la jouissance, reçoit la dénomination peu recommandable de « pervers » et est, comme tel, voué au mépris.

Introduction à la psychanalyse,
© Payot, 2001, p. 294-296

4) Le fétichisme

ON REVIENT TOUJOURS À SES PREMIÈRES AMOURS

Une impression toute particulière se dégage des cas dans lesquels l'objet sexuel est remplacé par un autre qui se trouve en relation avec lui, mais est en même temps tout à fait inapte à servir le but sexuel normal. Nous aurions sans doute mieux fait, du point de vue de la classification, de mentionner ce groupe hautement intéressant d'aberrations de la pulsion sexuelle dès les déviations relatives à l'objet sexuel ; mais nous l'avons différé jusqu'à ce que nous ayons fait la connaissance du facteur de la surestimation sexuelle, dont ces phénomènes dépendent, phénomènes auxquels est associé un abandon du but sexuel.

Le substitut de l'objet sexuel est une partie du corps en général très peu appropriée à des fins sexuelles (pied, cheveux), ou bien un objet inanimé qui présente une relation évidente avec la personne sexuelle, de préférence avec la sexualité de celle-ci (pièces de vêtements, lingerie blanche). Ce n'est pas sans pertinence que ce substitut est comparé au fétiche, dans lequel le sauvage voit son dieu incarné.

On trouve une transition aux cas de fétichisme avec renonciation à un but sexuel normal ou pervers dans les cas où l'objet sexuel est soumis à une condition fétichiste, dès lors que doit être atteint le but sexuel (couleur de cheveux déterminée, vêtements, voire défauts physiques). Il n'existe pas d'autre variante de la pulsion sexuelle frisant le pathologique qui mérite à ce point notre intérêt que celle-ci, du fait de la singularité des phénomènes qu'elle suscite. Tous ces cas semblent présupposer un certain amoindrissement de l'aspiration au but sexuel normal (faiblesse exécutive de l'appareil sexuel). Le rattachement à la normale est assuré par la surestimation psychologiquement nécessaire de l'objet sexuel, laquelle est inévitablement étendue à tout ce qui lui est lié de manière associative. C'est pourquoi un certain degré d'un tel fétichisme fait régulièrement partie de l'amour normal, en particulier aux stades de l'état amoureux dans lesquels le but sexuel normal est inatteignable ou son accomplissement paraît être aboli.

> Procure-moi de son sein un atour,
> Une jarretelle à mon désir d'amour !
>
> (Faust)

Le cas pathologique intervient quand l'aspiration au fétiche se fixe au-delà de ce statut de condition et prend la place du but normal, également quand le fétiche se détache de la personne déterminée, devenant l'objet sexuel exclusif. Ce sont là les conditions générales du passage de simples variations de la pulsion sexuelle à des égarements pathologiques.

Dans le choix du fétiche se manifeste, comme Binet l'a affirmé le premier et comme cela a été ensuite attesté par de nombreuses preuves, l'influence persistante d'une impression sexuelle le plus souvent reçue dans la prime enfance, ce qu'on peut mettre en parallèle avec l'adhésivité proverbiale d'un premier amour chez le normal (« *On revient toujours à ses premières amours* »). Une telle provenance est particulièrement claire dans les cas où le fétiche ne représente qu'une condition attachée à l'objet sexuel. Nous rencontrerons encore en un autre lieu l'importance d'impressions sexuelles précoces.

Dans d'autres cas, c'est une association symbolique en pensée, dont la personne concernée n'est le plus souvent pas consciente, qui a conduit au remplacement de l'objet par le fétiche. Il n'est pas toujours possible de mettre en évidence avec certitude les voies de ces associations (le pied est un symbole sexuel archaïque, déjà dans le mythe, la « fourrure » doit sans doute son rôle de fétiche à l'association avec la toison du mont de Vénus) ; mais même une telle symbolique ne semble pas toujours indépendante d'expériences sexuelles du temps de l'enfance.

Trois essais sur la théorie sexuelle (1905-1924), traduction de Fernand Cambon, © Flammarion, coll. Champs Classiques, 2011, p. 114-117

Dans ces dernières années, j'ai eu l'occasion d'étudier en analyse un certain nombre d'hommes dont le choix objectal était dominé par un fétiche. Il ne faut pas s'attendre à ce que ces personnes aient recherché l'analyse à cause du fétiche ; celui-ci, en effet, est bien reconnu par ses adeptes comme une anomalie, mais il est rare qu'on le ressente comme un symptôme douloureux ; la plupart de ses adeptes en sont très contents ou même se félicitent des facilités qu'il apporte à leur vie amoureuse. Il était ainsi de règle que le fétiche jouât le rôle d'une découverte marginale.

Les particularités de ces cas, on le comprendra, ne peuvent être soumises à la publication. Je ne peux pas non plus montrer de quelle manière des circonstances accidentelles ont conduit au choix du fétiche. Le cas le plus remarquable était celui d'un jeune homme qui avait érigé comme condition de fétiche un certain « brillant sur le nez ». L'explication surprenante en était le fait qu'élevé dans une nursery anglaise, ce malade était ensuite venu en Allemagne où il avait presque totalement oublié sa langue maternelle. Le fétiche dont l'origine se trouvait dans la prime enfance ne devait pas être compris en allemand mais en anglais ; le « brillant sur le nez » était en fait un « regard sur le nez » ; ainsi le nez était ce fétiche auquel, du reste, il pouvait à son gré octroyer ce brillant que les autres ne pouvaient percevoir. Les renseignements fournis par l'analyse sur le sens et la visée du fétiche étaient les mêmes dans tous les cas. Ils se déduisaient si spontanément et m'apparurent si contraignants que je suis prêt à m'attendre à ce que tous les cas de fétichisme aient une même solution générale. Je vais certainement décevoir en disant que le fétiche est un substitut du pénis. Je m'empresse donc d'ajouter qu'il ne s'agit pas du substitut de n'importe quel pénis mais d'un certain pénis tout à fait particulier qui a une grande signification pour le début de l'enfance et disparaît ensuite. C'est-à-dire qu'il aurait dû être normalement abandonné mais que le fétiche est justement là pour le garantir contre la disparition. Je dirai plus clairement que le fétiche est le substitut du phallus de la femme (la mère) auquel a cru le petit enfant et auquel, nous savons pourquoi, il ne veut pas renoncer.

Le processus était donc celui-ci : l'enfant s'était refusé à prendre connaissance de la réalité de sa perception : la femme ne possède pas de pénis. Non, ce ne peut être vrai car si la femme est châtrée, une menace pèse sur la possession de son propre pénis à lui, ce contre quoi se hérisse ce morceau de narcissisme dont la Nature prévoyante a justement doté cet organe. C'est d'une panique semblable peut-être que sera pris l'adulte aux cris de : « Le trône et l'autel sont en danger », panique qui le mènera à des conséquences aussi dénuées de logique.

Il n'est probablement épargné à aucun être masculin de ressentir la terreur de la castration, lorsqu'il voit l'organe génital féminin. Pour quelles raisons cette impression conduit certains à devenir homosexuels et d'autres à se défendre par la création d'un fétiche, tandis que l'énorme majorité surmonte cet effroi, cela, certes, nous ne pouvons pas le dire. Il se peut que parmi le nombre de conditions qui agissent simultanément nous ne connaissions pas encore celles qui régissent les rares dénouements pathologiques. Au reste, nous devons nous contenter de pouvoir expliquer ce qui s'est passé et nous devons écarter provisoirement la tâche d'expliquer pourquoi quelque chose ne s'est pas produit.

On devrait s'attendre à ce que, comme substitut de ce phallus qui manque à la femme, on choisisse des objets ou des organes qui représentent aussi des symboles du pénis. Cela peut être assez souvent le cas, mais ce n'est en tout cas pas décisif. Dans l'instauration d'un fétiche, il semble bien plus que l'on a affaire à un processus qui rappelle la halte du souvenir dans l'amnésie traumatique. Ici aussi l'intérêt demeure comme laissé en chemin ; la dernière impression de l'inquiétant, du traumatisant en quelque sorte sera retenue comme fétiche. Ainsi, si le pied ou la chaussure ou une partie de ceux-ci sont les fétiches préférés, ils le doivent au fait que dans sa curiosité le garçon a épié l'organe génital de la femme d'en-bas, à partir des jambes ; la fourrure et le satin fixent – comme on le suppose depuis longtemps – le spectacle des poils génitaux qui auraient dû être suivis du membre féminin ardemment désiré ; l'élection si fréquente des pièces de lingerie comme fétiche est due à ce qu'est retenu ce dernier moment du déshabillage, pendant lequel on a pu encore penser que la femme est phallique. Mais je ne veux pas affirmer qu'on peut chaque fois parvenir à connaître avec certitude la détermination du fétiche. Il faut recommander instamment l'étude du fétichisme à tous ceux qui doutent encore de l'existence du complexe de castration ou qui peuvent penser que l'effroi devant l'organe génital de la femme a une autre base : qu'il dérive, par exemple, du souvenir hypothétique du traumatisme de la naissance.

La Vie sexuelle,
© PUF, 1969, p. 133-136

II. Les scénarios pervers

1) Les couples d'opposés

Du sadisme au masochisme, et réciproquement

Le renversement dans le contraire se résout, à y regarder de plus près, en deux processus différents : le *retournement* d'une pulsion de *l'activité vers la passivité* et le *renversement quant au contenu*. Parce que différents dans leur essence, ces deux processus sont aussi à traiter séparément.

Les paires d'opposés : sadisme-masochisme et plaisir de regarder-exhibition apportent des exemples du premier processus. Le renversement ne touche que les *buts* de la pulsion ; au lieu du but actif : tourmenter, regarder, c'est le but passif : être tourmenté, être regardé qui se met en place. Le renversement relatif au contenu se rencontre dans l'unique cas de la transformation de l'aimer en un haïr.

Le retournement contre la personne propre nous est inspiré par la constatation que le masochisme est bien un sadisme retourné contre le moi propre, et que l'exhibition implique aussi la contemplation du corps propre. L'observation analytique ne laisse subsister aucun doute quant au fait que le masochiste partage la jouissance de la fureur dirigée contre sa personne, l'exhibitionniste, celle de sa mise à nu. L'essentiel, dans le processus, est donc le changement de l'*objet*, cependant que le but reste inchangé.

Il ne peut toutefois nous échapper que, dans ces exemples, retournement contre la personne propre et retournement de l'activité en passivité se recoupent ou coïncident. Un examen plus approfondi est indispensable afin de mettre au clair ces correspondances.

Dans le cas de la paire d'opposés sadisme-masochisme, on peut présenter le processus de la manière suivante :

a) Le sadisme consiste dans l'exercice de la force violente, la mise en acte de la puissance contre une autre personne prise comme objet.

b) Cet objet est abandonné et remplacé par la personne propre. C'est avec le retournement contre la personne propre que s'accomplit la transformation du but actif de la pulsion en un but passif.

c) De nouveau une personne étrangère est recherchée comme objet, laquelle, en raison de la transformation de but qui s'est produite, devra endosser le rôle de sujet.

Le cas *c* est celui de ce qu'on appelle communément masochisme. La satisfaction est atteinte, là aussi, par la voie du sadisme originel, dans mesure où le moi passif se transporte fantasmatiquement à sa place antérieure, qui est dès lors céder au sujet étranger. Qu'il puisse y avoir par ailleurs une satisfaction masochiste plus directe est on ne peut plus douteux. Il ne semble pas qu'il existe un masochisme originel, qui ne procéderait pas du sadisme selon la manière décrite. Que l'hypothèse du stade *[Stufe] b* n'est pas superflue, se déduit aisément du comportement de la pulsion sadique dans la névrose obsessionnelle. On y trouve le retournement contre la personne propre sans la passivité envers une nouvelle personne. La transformation ne va pas au-delà du stade *b*.

Métapsychologie, trad. Ph. Koeppel, Flammarion, coll. Champs Classiques, 2012, p. 89-94

2) Souffrir/faire souffrir

a – Le sadisme

LA PULSION SEXUELLE EST AGRESSIVE

La puissance qui s'oppose au plaisir de voir et est éventuellement abolie par lui est la *pudeur* (comme auparavant le dégoût).

L'inclination à infliger de la douleur à l'objet sexuel et son pendant, cette perversion de toutes la plus fréquente et la plus importante, a été nommée par von Krafft-Ebing, dans ses deux configurations, l'active et la passive, *sadisme* et *masochisme* (passif). D'autres auteurs préfèrent l'appellation plus étroite d'*algolagnie*, qui accentue le plaisir pris à la douleur, la cruauté, tandis que, dans les noms choisis par von Krafft-Ebing, est mis au premier plan le plaisir pris à toute sorte d'humiliation et de soumission.

Quant à l'algolagnie active, le sadisme, il est facile de mettre en évidence les racines qui sont présentes dans la normalité. La sexualité de la plupart des hommes présente un mélange d'agressivité, d'inclination à la domination, dont la signification biologique pourrait se trouver dans la nécessité de surmonter la résistance de l'objet sexuel encore autrement que par les actes qui consistent à *courtiser*. Le sadisme correspondrait alors à une composante agressive de la pulsion sexuelle devenue autonome, exagérée, ayant pris la place principale par déplacement.

Le concept de sadisme fluctue dans l'usage linguistique depuis une position simplement active, dès lors violente, à l'égard de l'objet sexuel jusqu'à une condition exclusive de la satisfaction qui requiert que celui-ci soit asservi et maltraité. *Stricto sensu*, seul le second cas, extrême, peut prétendre au nom de perversion.

De manière analogue, l'appellation de masochisme englobe toutes les positions passives à l'endroit de la vie sexuelle et de l'objet sexuel, dont la plus extrême paraît être celle qui lie la satisfaction à la condition que soit subie une douleur physique ou psychique de la part de l'objet sexuel. Le masochisme en tant que perversion semble s'éloigner du but sexuel normal plus que son pendant ; il est permis de commencer par se demander dubitativement s'il entre jamais en scène de manière primaire ou s'il ne se constitue pas plutôt régulièrement par remaniement du sadisme. On peut fréquemment repérer que le masochisme n'est rien d'autre qu'une continuation du sadisme qui se retourne contre la personne propre, laquelle commence alors par prendre la place de l'objet sexuel. L'analyse clinique de cas extrêmes de perversion masochiste conduit à mettre au jour l'action conjuguée d'une grande série de facteurs qui exagèrent et fixent la position sexuelle passive originaire. (Complexe de castration, conscience de culpabilité.)

La douleur qui est surmontée à cette occasion se range au côté du dégoût et de la pudeur qui s'étaient opposés à la libido au titre de résistances.

Sadisme et masochisme occupent, parmi les perversions, une position particulière, l'opposition entre passivité et activité qui est à leur fondement faisant partie des caractères généraux de la vie sexuelle.

Que la cruauté et la pulsion sexuelle soient très étroitement liées, c'est ce qu'enseigne l'histoire culturelle de l'humanité au-delà de tout doute ; mais, dans l'élucidation de ce rapport, on n'est pas allé au-delà de l'accentuation de la composante agressive de la libido. Selon quelques auteurs, cette agressivité mêlée à la pulsion sexuelle est proprement un reste d'appétences cannibaliques, soit une participation de l'appareil d'emprise, qui sert à la satisfaction de l'autre grand besoin, plus ancien du point de vue ontogénétique. Il a également été affirmé que chaque douleur en soi et pour soi contient la possibilité d'une sensation de plaisir. Nous nous contenterons de l'impression que l'élucidation de cette perversion est donnée d'une manière qui n'est nullement satisfaisante, et il est possible qu'en l'occurrence plusieurs tendances psychiques s'unissent pour produire un seul effet.

Toutefois, la particularité la plus frappante de cette perversion tient à ceci que ses formes active et passive se rencontrent régulièrement associées chez la même personne. Quiconque éprouve du plaisir à infliger de la douleur à d'autres dans une relation sexuelle est également apte à jouir comme d'un plaisir de la douleur qui peut lui échoir lors de relations sexuelles. Un sadique est toujours aussi en même temps masochiste, même si le versant actif ou passif de la perversion peut être chez lui plus fortement développé et représenter son activité sexuelle prédominante.

Ainsi, nous voyons certaines des inclinations perverses entrer régulièrement en scène sous forme de *couples d'opposés*, ce qui peut prétendre à une haute importance théorique au regard de matériaux qu'il conviendra de fournir plus tard. Il est en outre évident que l'existence du couple d'opposés sadisme-masochisme n'est pas tout uniment déductible de l'adjonction d'agressivité. En revanche, on serait tenté de mettre la présence concomitante de tels opposés en relation avec l'opposition du masculin et du féminin qui se trouvent conjoints dans la bisexualité, opposition à laquelle, en psychanalyse, on peut souvent substituer celle d'actif et passif.

Trois essais sur la théorie sexuelle (1905-1924),
traduction de Fernand Cambon,
© Flammarion, coll. Champs Classiques,
2011, p. 121-125

b – *Le masochisme*

LES REMORDS D'UN FRÈRE

Dans la constitution sexuelle de bien des gens il y a une composante masochiste née du retournement en son contraire de la composante agressive, sadique. On appelle ces gens-là des masochistes « idéels » quand ils recherchent le plaisir non dans une douleur corporelle qui leur est infligée, mais dans l'humiliation et le tourment psychique. Il appert à l'évidence que ces personnes peuvent avoir des anti-rêves de désir et des rêves de déplaisir qui ne sont rien d'autre cependant pour elles que des satisfactions de désirs, la satisfaction de leurs inclinations masochistes. Je consigne ici un rêve de ce genre : un jeune homme qui au cours des années antérieures a gravement tourmenté son frère aîné, auquel il était attaché par des tendances homosexuelles, fait aujourd'hui après un changement de caractère radical le rêve suivant, constitué de trois séquences : *I : Que son frère aîné le « sekkiert » [« tarabuste »]. II. Que deux adultes se font des manières dans une intention homosexuelle. III. Le frère a vendu l'entreprise dont il s'était réservé la direction pour son avenir.* Il se réveille de ce dernier rêve avec des sentiments extrêmement pénibles, et pourtant il s'agit d'un rêve de désir masochiste, dont la traduction pourrait être : ça serait bien fait pour moi si mon frère m'infligeait cette vente, pour me punir de tous les tourments que je lui ai fait endurer.

L'Interprétation du rêve, trad. inédite de J.-P. Lefèvre, © Éditions du Seuil, 2010, pour la traduction française, coll. Points Essais, 2013

UN MASOCHISME FÉMININ ?

Nous connaissons cette espèce de masochisme chez l'homme (auquel je me limite ici en raison du matériel) d'une façon suffisante à partir des fantaisies de personnes masochistes (fréquemment impuissantes pour cela), fantaisies qui ou bien débouchent dans l'acte onanique, ou bien constituent à elles seules la satisfaction sexuelle. Avec les fantaisies concordent pleinement les agencements réels de pervers masochistes, qu'ils soient exécutés comme fin en soi ou qu'ils servent à l'instauration de la puissance et à l'engagement de l'acte sexué. Dans les deux cas – les agencements ne sont certes que l'exécution ludique des fantaisies – le contenu manifeste est : être bâillonné, ligoté, battu de douloureuse façon, fouetté, maltraité d'une manière ou d'une autre, contraint à une obéissance inconditionnelle, souillé, rabaissé. Bien plus rarement et seulement dans des limites fort restreintes sont aussi incluses dans ce contenu des mutilations. La première interprétation, à laquelle on accède facilement, est que le masochiste veut être traité comme un petit enfant, en désaide et dépendance, mais surtout comme un enfant méchant. Il est superflu d'apporter des études de cas, le matériel est très uniforme, accessible à tout observateur, même au non-analyste. Mais a-t-on l'occasion d'étudier des cas dans lesquels les fantaisies masochistes ont connu une élaboration particulièrement riche, on fait alors aisément la découverte qu'elles mettent la personne dans une situation caractéristique de la féminité, donc signifient être-castré, être-coïté ou enfanter. C'est pourquoi cette forme de manifestation du masochisme je l'ai nommée, pour ainsi dire *a potiori*, le masochisme féminin, bien que tant de ses éléments renvoient à la vie infantile. Cette superposition en strates de l'infantile et du féminin trouvera plus tard son élucidation simple. La castration, ou l'aveuglement qui la représente, a, dans les fantaisies, souvent laissé sa trace négative dans la condition que c'est justement aux organes génitaux ou aux yeux qu'il ne doit arriver nul dommage. (Les tortures masochistes font rarement d'ailleurs une impression aussi sérieuse que les cruautés – fantasiées ou mises en scène – du sadisme.) Dans le contenu manifeste des fantaisies masochistes vient aussi à expression un sentiment de culpabilité, étant admis que la personne en question a commis un crime (cela étant laissé indéterminé), ce qui, par toutes ces procédures douloureuses et torturantes, doit être expié. Cela a l'air d'une rationalisation superficielle des contenus masochistes, mais là derrière se cache la relation à la masturbation infantile.

Le Problème économique du masochisme,
© PUF, 1992, *Œuvres complètes*, vol. XVII, p. 13-14

3) Voir/être vu

a – Le voyeurisme

CACHEZ CE SEIN QUE JE NE SAURAIS VOIR

« Asseyez-vous là. Décrivez-moi ce qui se passe dans l'état où vous avez du mal à respirer ?

— Ça me vient tout à coup. Je sens d'abord comme une pression sur les yeux, j'ai la tête lourde et un bourdonnement à n'y pas tenir, et puis j'ai des vertiges comme si j'allais tomber et je me sens un poids sur la poitrine à en perdre la respiration.

— Rien à la gorge ?

— J'ai la gorge nouée comme si j'allais étouffer.

— Et dans la tête, se passe-t-il encore autre chose ?

— Oui, ça me tape comme si tout allait sauter.

— Est-ce qu'en même temps vous avez peur de quelque chose ?

— Oui, je m'imagine toujours que je vais mourir et pourtant je ne suis pas froussarde en général, je vais partout toute seule, dans la cave et en bas, partout sur la montagne, mais les jours où j'ai ça, je m'imagine tout le temps que quelqu'un est derrière moi et va me saisir tout à coup. »

Il s'agissait réellement d'un accès d'angoisse auquel préludaient les indices d'une aura hystérique à contenu d'angoisse. N'y avait-il pas d'autre contenu ?

« Pensez-vous chaque fois à la même chose, ou bien voyez-vous quelque chose devant vous pendant votre accès ?

— Oui, chaque fois un visage horrible qui me regarde d'un air effrayant ; alors, j'en ai très peur. »

Peut-être pourrait-on, à partir de ce point, découvrir la voie aboutissant au nœud de la question.

« Reconnaissez-vous ce visage ? Je veux dire, est-ce un visage que vous avez réellement vu un jour ? » — « Non. »

« Savez-vous d'où sont venus ces accès ? » — « Non. » — « Quand les avez-vous eus pour la première fois ? » — « D'abord il y a deux ans, quand j'habitais encore avec ma tante sur l'autre montagne, c'est là qu'elle tenait autrefois un refuge ; il y a maintenant un an et demi que nous sommes ici, mais ça revient toujours. »

Fallait-il tenter une analyse ? Je ne me hasardai pas à essayer de transplanter l'hypnose sur ces sommets, mais peut-être une simple conversation aurait-elle un bon résultat ; je devais deviner juste. Combien de fois n'avais-je pas vu l'angoisse, chez les jeunes filles, être la conséquence de la terreur que suscite dans un cœur virginal, la première révélation du monde de la sexualité.

Je lui dis alors : « Si vous ne le savez pas, je vais vous dire à quoi, moi, j'attribue vos accès. Il y a deux ans, vous avez dû voir ou entendre quelque chose qui vous a beaucoup gênée, que vous auriez préféré ne pas voir. »

Elle alors : « Oh ! doux Jésus, c'est vrai. J'ai vu mon oncle avec cette jeune fille, Franziska, ma cousine ! »

« Qu'est-ce que c'est que cette histoire ? Voudriez-vous me la raconter ?

— On a le droit de tout dire à un docteur. Alors, n'est-ce pas, cet oncle, c'était le mari de ma tante que vous avez vue. Il tenait alors avec elle l'auberge sur le mont, maintenant il a divorcé et c'est de ma faute, ce divorce, parce que c'est par moi qu'on a su qu'il avait des relations avec Franziska.

— Comment l'avez-vous découvert ?

— Voilà. Il y a deux ans, deux messieurs arrivés là-haut, ont demandé à manger. Ma tante n'était pas là, et pas possible de trouver Franziska qui faisait toujours la cuisine. Pas moyen non plus de trouver mon oncle. Nous les cherchons partout, alors le gosse Aloïs, mon cousin, dit : « Peut-être bien que Franziska est chez Papa. » Nous avons ri tous les deux, mais sans penser à mal. Nous voulions aller dans la chambre de mon oncle, mais elle était verrouillée. Ça m'a paru drôle. Alors Aloïs m'a dit : « Sur le palier il y a une lucarne par où on peut regarder dans la chambre. » Nous allons sur le palier mais Aloïs refuse de regarder par la lucarne, disant qu'il a peur. Je lui réponds qu'il est idiot, que je vais y aller et que, moi, je n'ai pas peur du tout. Je ne pensais toujours à rien de vilain. Je regarde à l'intérieur, la chambre était assez sombre, mais je vois mon oncle avec Franziska, il était couché sur elle.

— Et alors ?

— J'ai tout de suite quitté la fenêtre pour m'appuyer au mur, et j'ai étouffé comme je fais depuis ; je me suis trouvée mal, j'ai senti une pression sur les yeux, et dans ma tête, ça cognait et ça bourdonnait.

— Est-ce que vous l'avez raconté à votre tante le jour même ?

— Oh non, je ne lui ai rien dit.

— Pourquoi avez-vous eu si peur en trouvant ce couple ? Avez-vous compris ? Avez-vous pensé à ce qui se passait ?

— Oh non ! À ce moment-là je n'ai rien compris, je n'avais que seize ans. Je ne sais pas pourquoi j'ai eu si peur.

Études sur l'hystérie,
© PUF, 2002, p. 98-100

b – L'exhibitionnisme

LE PLAISIR D'ÊTRE NU

Le rêve qu'on est nu ou mal vêtu devant des inconnus se présente également avec cet ingrédient supplémentaire qu'on dit n'y avoir absolument pas eu honte de la chose, etc. Or le rêve de nudité ne mérite notre intérêt que lorsqu'on y éprouve de la honte et de la gêne, qu'on veut prendre la fuite ou se cacher et se retrouve alors victime de cette inhibition caractéristique qui fait qu'on n'arrive pas à bouger de là et qu'on se sent incapable de rien changer à cette situation pénible. C'est seulement dans cette association que le rêve est typique. Pour le reste, le noyau de son contenu peut être intégré dans toutes sortes d'autres connexions ou orné d'ingrédients individuels supplémentaires. Il s'agit pour l'essentiel de la sensation pénible – de l'ordre de la honte – qu'on voudrait dissimuler sa nudité, le plus souvent, par locomotion et qu'on n'y parvient pas. Je pense que la grande majorité de mes lecteurs se sont déjà trouvés, en rêve, dans cette situation.

Ordinairement, les modalités du déshabillage sont peu claires. On nous raconte par exemple : j'étais en chemise, mais c'est rarement une image précise ; le plus souvent le fait de n'être pas vêtu est tellement imprécis qu'il est rendu dans le récit par une alternative : « J'étais en chemise ou en combinaison. » En règle générale, le défaut de toilette n'est pas sévère au point que la honte qui y ressortit s'en trouverait justifiée. Pour celui qui a porté l'uniforme impérial, la nudité se remplace fréquemment par le port d'une tenue contraire au règlement : « Je suis dans la rue sans mon sabre et je vois des officiers qui s'approchent, ou sans cravate, ou alors je porte des pantalons civils à carreaux, etc. »

Les gens devant qui on a honte sont presque toujours des inconnus avec des visages qu'on a laissés indéterminés. Il n'arrive jamais dans le rêve typique qu'en raison du vêtement qui cause justement ce genre de gêne, on fasse à quelqu'un des remontrances ou simplement qu'on le remarque. Bien au contraire, les gens prennent des mines indifférentes, ou alors, comme j'ai pu percevoir la chose dans un rêve particulièrement clair, des airs solennels compassés. Ce qui donne à penser.

De la gêne honteuse du rêveur et de l'indifférence des gens mises bout à bout résulte une contradiction, comme on en trouve souvent dans le rêve. La seule chose, quand même, qui conviendrait à la sensation de celui qui rêve, ce serait que les inconnus le regardent étonnés et rient de lui, ou s'indignent. Mais je crois que ce trait choquant a été éliminé par la satisfaction du désir, cependant que l'autre trait, tenu par quelque puissance, s'est maintenu, et qu'ainsi les deux morceaux s'accordent mal l'un à l'autre. Nous possédons un témoignage intéressant de ce que ce rêve, dans sa forme partiellement défigurée par la satisfaction du désir, n'a pas rencontré la compréhension correcte. Il est devenu la base, en effet, d'un conte que nous connaissons tous par la version d'Andersen (« Les habits neufs de l'empereur »), et qui dans la période récente a donné lieu sous la plume de L. Fulda, dans *Le Talisman*, à un emploi poétique. Dans le conte d'Andersen il est question de deux escrocs qui tissent pour l'empereur une tunique précieuse qui n'est cependant visible que pour les bons et fidèles sujets. L'empereur sort en ville avec cette tunique invisible, et du coup, effrayés par le pouvoir révélateur de ce tissu, tous les passants font comme s'ils ne remarquaient pas la nudité de l'empereur.

Or cette dernière histoire, c'est la situation de notre rêve. Point n'est besoin de trop d'audace pour admettre que le contenu onirique incompréhensible a fourni une incitation à inventer un habillage dans lequel la situation qui se présente au souvenir devient riche de sens. Celle-ci, ce faisant, a été dépouillée de sa signification première et rendue susceptible de servir des fins étrangères. Mais nous apprendrons que ce genre d'incompréhension du contenu du rêve par l'activité mentale consciente d'un deuxième système psychique se présente fréquemment et doit être reconnue comme un facteur de la configuration onirique définitive ; et qu'en outre, lors de la formation d'obsessions et de phobies, certaines incompréhensions comparables – au sein, là aussi, de la même personnalité psychique – jouent un rôle majeur. Pour notre rêve aussi, on peut sans mal indiquer d'où est pris le matériau pour la réinterprétation. L'escroc est le rêve, l'empereur est le rêveur lui-même, et la tendance moralisante trahit une connaissance obscure de ce que dans le contenu latent du rêve il s'agit de désirs non autorisés, sacrifiés au refoulement. Le contexte dans lequel ce genre de rêves interviennent pendant les analyses que j'ai faites sur des névrosés ne laisse en effet subsister aucun doute sur le fait qu'au principe du rêve il y a un souvenir de l'enfance la plus précoce. C'est seulement pendant notre enfance qu'a existé une époque où nous avons été vus dans un habillement défectueux par nos proches aussi bien que par des nurses, des servantes, des visiteurs inconnus de nous, et à l'époque nous n'avons jamais eu honte de notre nudité. Chez beaucoup d'enfants on peut, y compris assez tard, observer comment le fait de les déshabiller, au lieu de les plonger dans la honte, les met dans une sorte d'ivresse. Ils rient, sautent dans tous les sens, se frappent sur le ventre, leur mère, ou la personne qui se trouve là, leur enjoint d'arrêter, leur dit : bouh, mais quelle honte, ça ne se fait pas. Les enfants manifestent fréquemment des envies d'exhibition ; on ne peut guère traverser un village par chez nous sans rencontrer un gamin de deux ou trois ans qui, peut-être bien pour leur faire honneur, relève sa chemisette devant les gens de passage. L'un de mes patients a conservé dans ses souvenirs conscients une scène de l'époque de ses huit ans où, après le déshabillage du soir avant d'aller au lit, il veut quitter sa chambre en dansant pour aller retrouver sa petite sœur dans la chambre d'à côté, et où la personne qui s'occupe d'eux le lui interdit. Dans l'histoire juvénile des névrosés, le dénudement devant des enfants de l'autre sexe joue un rôle important ; dans la paranoïa, c'est à ces épisodes vécus qu'il faut rapporter l'impression délirante d'être observé quand on s'habille et se déshabille ; chez ceux qui sont restés pervers il existe une classe de personnes chez qui l'impulsion infantile s'est hissée au rang de symptôme : celle des *exhibitionnistes*.

Par la suite, cette enfance chez qui la honte n'existe pas nous apparaît rétrospectivement comme un paradis, et le paradis lui-même n'est rien d'autre que la figure imaginaire que la masse se fait de l'enfance de l'individu. C'est pourquoi aussi, au paradis, les êtres sont nus et n'éprouvent pas de honte en présence les uns des autres, jusqu'à ce que survienne un moment où s'éveillent la honte et l'angoisse, où l'expulsion se produit, où commencent la vie sexuelle et le travail de la culture. Or le rêve peut nous ramener toutes les nuits dans ce paradis ; nous avons déjà exprimé l'hypothèse que nos impressions de la première enfance (depuis la période préhistorique jusqu'à *grosso modo* la troisième année achevée), et peut-être sans que leur contenu ait plus d'importance que cela, exigent en soi de faire retour, que leur répétition est la satisfaction d'un désir. Les rêves de nudité sont par conséquent des *rêves d'exhibition*.

Ce qui constitue le noyau du rêve d'exhibition c'est notre propre personne physique – qui n'est pas vue comme celle d'un enfant, mais telle qu'elle est actuellement –, ainsi que l'habillement insuffisant, qui se présente de manière peu claire du fait de l'empilement de tant de souvenirs ultérieurs de tenue négligée, ou pour complaire à la censure ; à quoi s'ajoutent maintenant les personnes devant lesquelles on a honte. Je ne connais pas d'exemple où ce sont les spectateurs effectifs de ces exhibitions infantiles qui réapparaissent dans le rêve. C'est que le rêve, précisément, n'est pratiquement jamais un simple souvenir. Les personnes auxquelles s'adressait notre intérêt sexuel dans l'enfance sont curieusement laissées de côté dans toutes les reproductions oniriques, dans celles de l'hystérie et dans celles de la névrose obsessionnelle ; seule la paranoïa réinstalle les spectateurs et conclut avec une conviction fanatique, bien qu'ils soient restés invisibles, à leur présence. Ce que le rêve fait entrer en jeu à leur place, « beaucoup d'inconnus » qui ne se soucient pas du spectacle offert, est très précisément l'*antagonique de ce qu'on désire*, l'antagonique de la personne précise et très familière à qui l'on offrait le spectacle de sa nudité. Ces « beaucoup d'inconnus » se trouvent d'ailleurs assez fréquemment dans les rêves au sein d'un autre contexte, quel qu'il soit. Ils signifient toujours comme antagonique de désir : « secret ». On note combien la restitution de l'ancien dispositif réel qui intervient dans la *paranoïa* rend compte de cette opposition. On n'est plus seul, on est très certainement observé, mais les observateurs sont des gens « nombreux, inconnus, curieusement laissés dans l'indétermination ».

L'Interprétation du rêve, trad. inédite de J.-P. Lefèvre,
© Éditions du Seuil, 2010, pour la traduction française,
coll. Points Essais, 2013, p. 282-286

LA PUDEUR

L'impression optique est la voie par laquelle l'excitation libidinale est le plus souvent éveillée et sur la praticabilité de laquelle compte – pour autant que soit légitime cette manière téléologique de voir les choses – la sélection naturelle, en laissant l'objet sexuel s'épanouir en beauté. Le voilement du corps, qui progresse avec la culture, tient en éveil la curiosité sexuelle, qui aspire à compléter l'objet sexuel par le dévoilement de ses parties dissimulées, mais qui peut être détournée vers l'artistique (« sublimée »), pourvu que l'on parvienne à détacher son intérêt de l'organe sexuel et à le tourner vers la formation du corps en son entier. S'attarder à ce but sexuel intermédiaire d'un voir porteur d'un accent sexuel, voilà qui est, dans une certaine mesure, le fait de la plupart des normaux ; voire, cela leur donne la possibilité d'orienter un certain montant de leur libido vers des buts artistiques supérieurs. Au contraire, le plaisir de voir devient perversion *a)* quand il se cantonne exclusivement aux organes génitaux, *b)* quand il s'assortit du surmontement du dégoût (voyeurs : spectateurs des fonctions excrétoires), *c)* quand il supplante le but sexuel normal au lieu de le préparer. Cette dernière visée est présente chez les exhibitionnistes qui, si je suis autorisé à tirer cette conclusion de plusieurs analyses, montrent leurs organes génitaux pour accéder en contrepartie à la vue des organes génitaux de l'autre partie.

Trois essais sur la théorie sexuelle (1905-1924),
traduction de Fernand Cambon,
© Flammarion, coll. Champs Classiques,
2011, p. 119-121

4) Toucher/être touché

a – L'attouchement

« Ma vie sexuelle débuta très tôt. Je me rappelle une scène de ma quatrième ou cinquième année (dès l'âge de 6 ans mes souvenirs sont complets), qui surgit en moi clairement des années plus tard. Nous avions une jeune et belle gouvernante, Mlle Pierre (Fräulein Peter). Un soir, elle était étendue sur un divan, en train de lire : j'étais couché près d'elle. Je lui demandai la permission de me mettre sous ses jupes. Elle me le permit, à condition de n'en rien dire à personne. Elle était à peine vêtue, et je lui touchai les organes génitaux et le ventre, qui me parut singulier. Depuis, j'en gardai une curiosité ardente et torturante de voir le corps féminin. Il me souvient encore de l'impatience que j'éprouvais, au bain, à attendre que la gouvernante, dévêtue, entrât dans l'eau (à cette époque, on me permettait encore d'y aller avec mes sœurs et la gouvernante). Mes souvenirs sont plus nets à partir de ma sixième année. Nous avions à ce moment une autre gouvernante, qui était, elle aussi, jeune et jolie, et qui avait des abcès sur les fesses qu'elle avait coutume de presser le soir. Je guettais ce moment pour satisfaire ma curiosité. De même, au bain, bien que Mlle Lina fût plus réservée que la première. (Réponse à une question que je pose : « Non, je ne dormais pas régulièrement dans sa chambre, d'habitude, je couchais chez mes parents. ») Il se souvient d'une scène : « Je devais alors avoir sept ans. Nous étions tous assis ensemble : la gouvernante, la cuisinière, une autre domestique, moi et mon frère, plus jeune que moi d'un an et demi. J'entendis soudain Mlle Lina dire : « Avec le petit, on pourrait déjà faire ça, mais Paul (moi) est trop maladroit, il raterait certainement son coup. » Je ne me rendis pas clairement compte de ce qu'elle entendait par là, mais j'en ressentis de l'humiliation et me mis à pleurer. Lina essaya de me consoler et me raconta qu'une servante qui avait fait ça avec un petit garçon avait été mise en prison pour plusieurs mois. Je ne crois pas qu'elle ait fait des choses défendues avec moi, mais je prenais beaucoup de libertés avec elle. Lorsque j'allais dans son lit, je la découvrais et la touchais, chose qu'elle me laissait faire tranquillement. Elle n'était pas très intelligente et, apparemment, pas très satisfaite sexuellement. Elle avait vingt-trois ans et avait déjà eu un enfant, dont le père l'épousa plus tard, de sorte que, maintenant, elle est « Frau Hofrat » (femme d'un conseiller aulique). Je la rencontre encore souvent dans la rue. »

« L'Homme aux rats », *Cinq psychanalyses*,
© PUF, 1954, p. 202-204

LES BILLETS DE BANQUE

C'est pourquoi il arrive assez souvent que des obsédés, souffrant de remords et ayant rattaché leurs affects à de faux prétextes, font part en même temps au médecin des vraies causes de leurs remords, sans même soupçonner que ces remords ne sont que tenus à l'écart desdites causes. Ils disent même parfois avec étonnement, ou même avec vantardise, en racontant les événements qui sont les causes véritables de leurs remords : « Voilà qui ne me touche pas du tout. » Il en fut ainsi du premier cas de névrose obsessionnelle, voici de nombreuses années, qui me permit de comprendre cette maladie. Le patient en question, fonctionnaire, un scrupuleux, celui-là même dont j'ai conté l'obsession concernant la branche dans le parc de Schönbrunn, se signala à mon attention par le fait qu'il réglait toujours ses honoraires en billets propres et neufs (à cette époque, il n'y avait pas encore en Autriche de pièces d'argent). Un jour, je lui fis remarquer qu'on pouvait reconnaître un fonctionnaire aux billets neufs qu'il recevait de la caisse de l'État ; mais il répliqua que ces billets n'étaient nullement neufs, qu'il les faisait repasser à la maison. Car il se serait fait scrupule de donner à qui que ce fût des billets sales, couverts des microbes des plus dangereux et pouvant être nuisibles à qui les touchait. À cette époque, je pressentais déjà vaguement les rapports existant entre les névroses et la vie sexuelle, aussi osai-je, un autre jour, questionner mon patient à ce sujet. « Oh, dit-il, d'un ton léger, là tout est en ordre, je ne me prive guère. Dans bien des maisons bourgeoises je joue le rôle d'un bon vieil oncle, et j'en profite pour inviter de temps en temps une jeune fille de la maison à une partie de campagne. Je m'arrange alors pour manquer le dernier train et être obligé de passer la nuit à la campagne. Je prends alors deux chambres à l'hôtel, je suis très large ; mais lorsque la jeune fille est au lit, je viens chez elle et la masturbe. » – Mais, ne craignez-vous pas, rétorquai-je, de lui nuire en touchant ses organes avec des mains sales ? – Il se mit en colère : « Nuire ? Mais comment cela peut-il nuire ? Cela n'a encore nui à aucune d'entre elles, et toutes se sont volontiers laissé faire ! Plusieurs d'entre elles sont mariées maintenant, et cela ne leur a pas nui ! » – Il prit très mal ma remarque, et ne revint plus. Je ne pus m'expliquer le contraste entre ses scrupules concernant les billets de banque et son manque de scrupules à abuser des jeunes filles à lui confiées que par un *déplacement* de l'affect du remords. La tendance de ce déplacement était très claire : s'il avait laissé le remords rester là où il aurait dû être, il eût dû renoncer à une satisfaction sexuelle vers laquelle il était poussé probablement par de puissantes déterminantes infantiles. Il obtenait ainsi par ce déplacement un considérable *bénéfice de la maladie*.

« L'Homme aux rats », *Cinq psychanalyses*,
© PUF, 1954, p. 227-228

b – *Le viol fantasmé*

Un rêve de fleurs

« Une des objections fréquemment avancées par les adversaires de la psychanalyse – en dernier lieu encore par Havelock Ellis – est que la symbolique onirique est peut-être une production du psychisme névrotique, mais ne vaut absolument pas pour le psychisme normal. Outre donc que la recherche psychanalytique ne connaît absolument aucune différence principielle entre la vie psychique normale et la vie psychique névrotique, mais seulement des différences quantitatives, l'analyse des rêves dans lesquels, chez les malades comme chez les bien-portants, les complexes refoulés sont efficients, montre la complète identité chez eux tant des mécanismes que de la symbolique. Et même plus, les rêves innocents de personnes en bonne santé contiennent souvent une symbolique beaucoup plus simple, plus transparente et plus caractéristique que ceux des personnes névrotiques, dans lesquels, du fait de la censure plus puissamment agissante et de la défiguration onirique qui en résulte et qui va plus loin, elle est souvent tourmentée, obscure et difficile à interpréter. Le rêve communiqué dans ce qui suit servira donc à illustrer ce fait. C'est celui d'une jeune fille non névrosée, de nature plutôt prude et réservée ; au cours de l'entretien j'apprends qu'elle est fiancée, mais que des obstacles s'opposent au mariage, susceptibles de le faire repousser. Elle me raconte spontanément le rêve suivant : *"I arrange the centre of a table with flowers for a birthday"* (Je mets des fleurs au milieu d'une table pour un anniversaire). À mes questions, elle répond qu'elle était dans son rêve comme dans sa maison (qu'à l'époque elle ne possède pas) et avait éprouvé un *sentiment de bonheur*.

La symbolique "populaire" me permet de traduire le rêve pour moi-même. Il est l'expression de ses désirs de fiancée. La table avec son milieu garni de fleurs est symbolique d'elle-même et de l'organe génital ; elle figure comme accomplis ses désirs d'avenir en s'occupant déjà de penser à la naissance d'un enfant ; le mariage est donc loin derrière elle.

Je lui fais remarquer que *"the* centre *of a table"* est une expression inusitée, ce qu'elle concède, mais ne puis naturellement l'interroger directement plus avant. J'évitai soigneusement de lui suggérer la signification des symboles, et lui demandai seulement ce qui lui venait à l'esprit au sujet des différentes parties du rêve. Dans le courant de l'analyse, sa réserve a cédé pour faire place à un intérêt net pour l'interprétation et à une franchise que le sérieux de l'entretien autorisait. À ma question sur la nature de ces fleurs, elle répondit d'abord *"expensive flowers ; one has to pay for them"* ("des fleurs qui coûtent cher ; il faut payer pour les avoir"), puisqu'il s'agissait de *"lilies of the valley, violets and pinks or carnations"* (des muguets, littéralement des lys de la vallée, des violettes et des œillets [roses ou chair]). Je fis la supposition que le mot lys dans ce rêve apparaissait dans sa signification populaire comme un symbole de chasteté. Supposition qu'elle confirma, dès lors que ce qui lui vint à l'esprit associé à lys fut *"purity"* (pureté). *"Valley"*, la vallée, est un symbole onirique féminin fréquent ; et donc la rencontre contingente des deux symboles dans le nom anglais du muguet [en allemand : "clochette de mai"] est exploitée pour une symbolique de rêve, pour une insistance sur sa précieuse virginité – *"expensive flowers ; one has to pay for them"* – et pour une expression de son attente que le mari sache reconnaître sa valeur. L'expression *expensive flowers*, etc., a, comme nous le verrons, dans chacun des trois symboles floraux une signification différente.

Je cherchais – de manière selon moi passablement audacieuse – à m'expliquer le sens secret des *"violets"*, en apparence vraiment non sexuelles, par une référence inconsciente au français *"viol"*. À ma grande surprise, la rêveuse y associa *"violate"*, le mot anglais qui signifie violer. La grande ressemblance fortuite entre les mots *violet* et *violate* – qui ne se distinguent dans la prononciation anglaise que par une différence d'accent sur la dernière syllabe – est utilisée dans le rêve pour exprimer "avec des fleurs" la pensée de la violence de la défloration (mot qui utilise, lui aussi, la symbolique florale), voire un trait masochiste chez cette jeune fille. Bel exemple de ces ponts verbaux par où passent les chemins qui mènent à l'inconscient ; le *"one has to pay for them"* signifie ici la vie dont elle doit payer son devenir femme et mère.

Pour ce qui est de *"pinks"*, qu'elle appelle ensuite *"carnations"*, ce qui me frappe c'est la relation de ce mot au "charnel". Mais ce qui lui vint à l'esprit pour ce mot c'était *"colour"* (couleur). Elle ajouta que les carnations étaient les fleurs qui *souvent, et en grande quantité*, lui avaient été offertes par son fiancé. À la fin de l'entretien, elle avoue soudain spontanément que ce qui lui était venu à l'esprit n'était pas *"colour"* mais *"incarnation"* (le devenir-chair), ce qui était le mot que j'attendais, d'ailleurs *"colour"* comme idée spontanée n'est pas très éloigné non plus, mais déterminé par la signification de *"carnation"* – couleur chair, et donc par le complexe global. Cette non-sincérité montre que c'est à cet endroit que la résistance était la plus grande, ce qui correspondait au fait que c'est ici que la symbolique était la plus transparente, que la lutte entre la libido et le refoulement autour de ce thème phallique était la plus forte. La remarque qu'elle fait en disant que ces fleurs étaient un cadeau fréquent de son fiancé est une autre référence, outre le double sens de carnation, à leur sens phallique dans le rêve. L'occasion diurne des fleurs offertes est utilisée pour exprimer la pensée de don et de contre-don sexuel : elle fait cadeau de sa virginité et attend en échange le cadeau d'une riche vie amoureuse. Ici encore, les mots *"expensive flowers, one has to pay for them"* doivent bien avoir une signification − sans doute réelle, financière. La symbolique florale du rêve contient donc le symbole virginal féminin, le symbole masculin et la référence à la défloration violente. Rappelons que la symbolique sexuelle des fleurs, qui comme on sait est très répandue par ailleurs, symbolise les organes sexuels humains par les fleurs en floraison, les organes sexuels des plantes. S'offrir des fleurs chez les amoureux a peut-être en général cette signification inconsciente.

L'anniversaire qu'elle prépare dans le rêve signifie sans doute la naissance d'un enfant. Elle s'identifie avec le fiancé, le figure tel qu'il l'arrange, elle, en vue d'une naissance, et donc coïte. La pensée latente pourrait être : si j'étais lui, je n'attendrais pas, mais je déflorerais la fiancée sans lui poser de question, j'emploierais la violence. C'est bien à cela aussi que fait allusion le *violate*. Ainsi s'exprime aussi la composante libidinale sadique.

Dans une couche plus profonde du rêve le *"I arrange"*, etc., devrait avoir une signification autoérotique, et donc infantile.

« Elle a aussi un savoir, uniquement possible dans le rêve, de ce qui lui fait défaut sur le plan corporel ; elle se voit aussi plate qu'une table ; le caractère précieux du centre (qu'elle appelle une autre fois *a centre piece of flowers*), sa virginité, n'en sont que davantage soulignés. La dimension horizontale de la table devrait elle aussi contribuer au symbole en lui fournissant un élément. − Le caractère concentré du rêve mérite d'être noté ; rien n'est superflu, chaque mot est un symbole.

Par la suite elle apporte un complément à ce rêve : *"I decorate the flowers with green crinkled paper"* (je décore les fleurs avec du papier crépon vert). Elle ajoute que c'est du *fancy paper* (papier fantaisie), celui dont on revêt les pots de fleurs ordinaires. Elle continue : *"to hide untidy things, whatever was to be seen, which was not pretty to the eye ; there is a gap, a little space in the flowers"*. Soit donc : pour cacher les choses malpropres, qui ne sont pas jolies à regarder ; une fente, un petit espace dans les fleurs, *"the paper looks like velvet or moss"* ("le papier ressemble à du velours ou à de la mousse"). À "*decorate*" elle associe "*decorum*", comme je m'y attendais. Sur le fait que la couleur verte soit prédominante, elle associe "*hope*" (l'espoir), nouvelle référence à la grossesse. – Ce qui prédomine dans cette partie du rêve ce n'est pas l'identification avec l'homme : on voit des pensées de pudeur et de franchise se faire une place. Elle se fait belle pour lui, se reconnaît des défauts physiques dont elle a honte et qu'elle cherche à corriger. Les idées spontanées, velours, mousse, sont une indication nette qu'il s'agit des *crines pubis*.

Le rêve est une expression de pensées que la pensée vigile de la jeune fille connaît à peine ; des pensées qui s'occupent de l'amour sensuel et de ses organes ; elle est littéralement "arrangée pour un jour de naissance", c'est-à-dire coïtée ; la peur de la défloration et peut-être aussi la souffrance voluptueuse trouvent à s'exprimer ; elle reconnaît qu'il lui manque certaines choses sur le plan physique, surcompense celles-ci par une surestimation de la valeur de sa virginité. Sa honte excuse la sensualité qui pointe par le fait que celle-ci a pour finalité l'enfant. Même les considérations matérielles, qui sont étrangères à l'amoureuse, trouvent à s'exprimer ; l'affect du rêve simple – le sentiment de bonheur – indique qu'ici de forts complexes sentimentaux ont trouvé à se contenter. »

L'Interprétation du rêve, trad. inédite de J.-P. Lefèvre,
© Éditions du Seuil, 2010, pour la traduction française,
coll. Points Essais, 2013, p. 414-418.

III. Aux origines de la perversion

1) L'enfant, « pervers polymorphe »

Nos perversions viennent de l'enfance

La pulsion sexuelle de l'enfant s'avère être hautement composite ; elle se laisse dissocier en un grand nombre de composantes qui sont issues de diverses sources. Surtout, elle est encore indépendante de la fonction de procréation, au service de laquelle elle se mettra plus tard. Elle sert à l'obtention de diverses sortes de sensations de plaisir, que nous récapitulons, par le biais d'analogies et de mises en rapport, sous le chef de plaisir sexuel. La source principale du plaisir sexuel infantile est l'excitation appropriée d'endroits déterminés du corps particulièrement stimulables, en dehors des parties génitales, des orifices buccal, anal et urétral, mais aussi de la peau et d'autres surfaces sensibles. Étant donné qu'en cette première phase de la vie sexuelle enfantine la satisfaction est trouvée sur le corps propre et qu'abstraction est faite d'un objet étranger, nous appelons cette phase, selon un mot forgé par Havelock Ellis, celle de l'autoérotisme. Nous nommons ces aires importantes pour l'obtention de plaisir sexuel zones érogènes. Le suçotement ou succion délectable des plus petits enfants est un bon exemple d'une telle satisfaction autoérotique à partir d'une zone érogène ; le premier observateur scientifique de ce phénomène, un pédiatre du nom de Lindner à Budapest, l'a déjà correctement interprété comme satisfaction sexuelle et a donné une description exhaustive de son passage à d'autres formes, supérieures, de l'activité sexuelle. Une autre satisfaction sexuelle de cette époque de la vie est l'excitation masturbatoire des parties génitales, qui garde une si grande importance pour la vie ultérieure et qui n'est tout simplement jamais surmontée par beaucoup d'individus. Outre ces activités autoérotiques et d'autres, se manifestent très tôt chez l'enfant les composantes pulsionnelles du plaisir sexuel ou, comme nous aimons à dire, de la libido, qu présupposent comme objet une personne étrangère. Ces pulsions entrent en scène en couples d'opposés, sous la forme active et passive ; je vous cite, au titre des représentants les plus importants de ce groupe, le plaisir de causer des douleurs (sadisme), avec sa contrepartie passive (masochisme), ainsi que le plaisir de voir actif et passif, le désir de savoir apparaissant plus tard comme une ramification du premier des deux, pareillement l'impulsion à l'exhibition artistique et spectaculaire comme une ramification du second. D'autres activités sexuelles de l'enfant tombent déjà sous le point de vue du *choix d'objet*, lors duquel devient l'enjeu principal une personne étrangère qui doit originairement son importance à la prise en considération de la pulsion d'autoconservation. Mais la différence sexuelle ne joue pas encore dans cette période enfantine un rôle décisif ; c'est ainsi que vous pouvez attribuer à chaque enfant, sans lui faire tort, un pan de disposition homosexuelle.

Cette vie sexuelle de l'enfant, dissolue, riche en contenu mais dissociée, dans laquelle les pulsions prises une par une vaquent à l'acquisition de plaisir indépendamment les unes des autres, est toutefois soumise à une récapitulation et une organisation selon deux directions principales, de sorte qu'au terme de l'époque de la puberté le caractère sexuel définitif de l'individu atteint la plupart du temps une constitution achevée. D'une part, les diverses pulsions se subordonnent à la suprématie de la zone génitale, de sorte que la vie sexuelle entière entre au service de la procréation et que leur satisfaction ne garde plus d'importance que comme préparation et facilitation de l'acte sexuel proprement dit. D'autre part, le choix d'objet repousse l'autoérotisme, de sorte qu'à présent, dans la vie amoureuse, toutes les composantes de la pulsion sexuelle aspirent à être satisfaites sur la personne aimée. Cependant, toutes les composantes pulsionnelles originaires ne sont pas admises à participer à cette mise en place définitive de la vie sexuelle. Dès avant l'époque de la puberté, sous l'influence de l'éducation, des refoulements extrêmement énergiques de certaines pulsions ont été imposés, et des puissances psychiques telles que la pudeur, le dégoût, la morale ont été instaurées, entretenant ces refoulements au titre de gardiens. Quand ensuite, à l'âge de la puberté, surviennent les vives eaux de l'appétence sexuelle, elles trouvent dans les formations de réaction ou de résistance psychiques dont nous venons de parler des digues qui leur prescrivent leur écoulement par les voies dites normales et leur rendent impossible de ranimer les pulsions soumises au refoulement. Ce sont surtout les motions de plaisir *coprophiles* de l'enfance, c'est-à-dire celles qui sont liées aux excréments, qui sont le plus radicalement touchées par le refoulement, et ensuite la fixation aux personnes du choix d'objet primitif.

Messieurs ! Un principe de la pathologie générale énonce que chaque processus évolutif porte en lui les germes de la disposition pathologique, dans la mesure où il peut être inhibé, retardé ou se dérouler incomplètement. La même chose vaut pour l'évolution si compliquée de la fonction sexuelle. Elle n'est pas traversée sans anicroche par tous les individus, et elle laisse alors derrière elle ou bien des anomalies ou bien des dispositions à des pathologies ultérieures par voie d'involution (régression). Il peut arriver que toutes les pulsions partielles ne se soumettent pas à la domination de la zone génitale ; une telle pulsion restée indépendante instaure alors ce qu'on appelle une *perversion*, et qui peut remplacer le but sexuel normal par le sien propre.

Sur la psychanalyse. Cinq leçons, trad. de F. Cambon,
Flammarion, coll. Champs Classiques, 2010, p. 136-140

L'« INNOCENCE » DE L'ENFANT

Encouragés ainsi à étudier également la vie sexuelle de l'enfant, nous apprenons de plusieurs sources les faits suivants : on commet avant tout une grande erreur en niant la réalité d'une vie sexuelle chez l'enfant et en admettant que la sexualité n'apparaît qu'au moment de la puberté, lorsque les organes génitaux ont atteint leur plein développement. Au contraire, l'enfant a dès le début une vie sexuelle très riche, qui diffère sous plusieurs rapports de la vie sexuelle ultérieure, considérée comme normale. Ce que nous qualifions de pervers dans la vie de l'adulte s'écarte de l'état normal par les particularités suivantes : méconnaissance de barrière spécifique (de l'abîme qui sépare l'homme de la bête), de la barrière opposée par le sentiment de dégoût, de la barrière formée par l'inceste (c'est-à-dire par la défense de chercher à satisfaire les besoins sexuels sur des personnes auxquelles on est lié par des liens consanguins), homosexualité et enfin transfert du rôle génital à d'autres organes et parties du corps. Toutes ces barrières, loin d'exister dès le début, sont édifiées peu à peu au cours du développement et de l'éducation progressive de l'humanité. Le petit enfant ne les connaît pas. Il ignore qu'il existe entre l'homme et la bête un abîme infranchissable ; la fierté avec laquelle l'homme s'oppose à la bête ne lui vient que plus tard. Il ne manifeste au début aucun dégoût de ce qui est excrémentiel : ce dégoût ne lui vient que peu à peu, sous l'influence de l'éducation. Loin de soupçonner les différences sexuelles, il croit au début à l'identité des organes sexuels ; ses premiers désirs sexuels et sa première curiosité se portent sur les personnes qui lui sont les plus proches ou sur celles qui, sans lui être proches, lui sont le plus chères : parents, frères, sœurs, personnes chargées de lui donner des soins, en dernier lieu, se manifeste chez lui un fait qu'on retrouve au paroxysme des relations amoureuses, à savoir que ce n'est pas seulement dans les organes génitaux qu'il place la source du plaisir qu'il attend, mais que d'autres parties du corps prétendent chez lui à la même sensibilité, fournissent des sensations de plaisir analogues et peuvent ainsi jouer le rôle d'organes génitaux.

L'enfant peut donc présenter ce que nous appellerions une « perversité polymorphe », et si toutes ces tendances ne se manifestent chez lui qu'à l'état de traces, cela tient, d'une part, à leur intensité moindre en comparaison de ce qu'elle est à un âge plus avancé et, d'autre part, à ce que l'éducation supprime avec énergie, au fur et à mesure de leur manifestation, toutes les tendances sexuelles de l'enfant. Cette suppression passe, pour ainsi dire, de la pratique dans la théorie, les adultes s'efforçant de fermer les yeux sur une partie des manifestations sexuelles de l'enfant et de dépouiller, à l'aide d'une certaine interprétation, l'autre partie de ces manifestations de leur nature sexuelle : ceci fait, rien n'est plus facile que de nier le tout. Et ces négateurs sont souvent les mêmes gens qui, dans la nursery, sévissent contre tous les débordements sexuels des enfants ; ce qui ne les empêche pas, une fois devant leur table de travail, de défendre la pureté sexuelle des enfants. Toutes les fois que les enfants sont abandonnés à eux-mêmes ou subissent des influences démoralisantes, on observe des manifestations souvent très prononcées de perversité sexuelle. Sans doute, les grandes personnes ont-elles raison de ne pas prendre trop au sérieux ces « enfantillages » et ces « amusements », l'enfant ne devant compte de ses actes ni au tribunal des mœurs ni à celui des lois ; il n'en reste pas moins que ces choses existent, qu'elles ont leur importance, autant comme symptômes d'une constitution congénitale que comme antécédents et facteurs d'orientation de l'évolution ultérieure et qu'enfin, elles nous renseignent sur la vie sexuelle de l'enfant et, avec elle, sur la vie sexuelle humaine en général.

Introduction à la psychanalyse,
© Payot, 2001, p. 193-194

2) Une perversion d'organe : la scatophilie

LE PLAISIR DE LA DÉFÉCATION

Les enfants qui exploitent la stimulabilité érogène de la zone anale se trahissent par ceci qu'ils retiennent les masses fécales jusqu'à ce que celles-ci suscitent par leur accumulation des contractions musculaires violentes et soient à même, lorsqu'elles traversent l'anus, d'exercer une stimulation forte sur la muqueuse. Il faut bien, ce faisant, qu'à côté de la sensation douloureuse se constitue la sensation de volupté. C'est bien là l'un des meilleurs signes avant-coureurs d'une singularité ou nervosité ultérieures, lorsqu'un nourrisson refuse opiniâtrement de vider son intestin au moment où on le met sur le pot, c'est-à-dire au moment qu'il plaît à la personne qui s'occupe de lui, réservant cette fonction à son propre bon plaisir. Il ne lui importe pas bien sûr de salir son lit ; il veille simplement à ce que ne lui échappe pas le gain de plaisir secondaire qui s'attache à la défécation. Les éducateurs, une fois de plus, ont une intuition juste quand ils traitent de méchants les enfants qui « gardent pour eux » ces accomplissements.

Le contenu de l'intestin, qui, en tant que corps stimulant pour une surface de muqueuse dotée d'une sensibilité sexuelle, se comporte comme le précurseur d'un autre organe, lequel n'entrera en action qu'après la phase de l'enfance, a pour le nourrisson encore d'autres significations importantes. Il est manifestement traité à l'instar d'une partie intégrante du corps, représente le premier « cadeau », par l'aliénation duquel peut être exprimée la docilité du petit être, par le refus duquel peut être exprimée son opposition. À partir du « cadeau », il prend ensuite la signification de l'« enfant », qui, selon l'une des théories sexuelles infantiles, est acquis en mangeant et mis au monde par l'intestin.

La rétention des masses fécales, qui est donc au début intentionnelle, afin d'être utilisée en vue d'une stimulation quasiment masturbatoire de la zone anale, ou d'être maniée dans la relation aux personnes qui prodiguent les soins, est du reste l'une des racines de la constipation, si fréquente chez les névropathes. Toute l'importance de la zone anale se reflète alors dans le fait qu'on ne trouve que peu de névrosés qui n'auraient pas leurs usages, cérémonies et autres pratiques scatologiques particuliers, qu'ils gardent soigneusement secrets.

Une véritable stimulation masturbatoire de la zone anale à l'aide du doigt, suscitée par une démangeaison centralement conditionnée ou périphériquement entretenue, n'est nullement rare chez les enfants d'un certain âge.

Trois essais sur la théorie sexuelle (1905-1924),
traduction de Fernand Cambon,
© Flammarion, coll. Champs Classiques,
2011, p. 169-172

L'ENFANT SE COMPARE AUX AUTRES ENFANTS

Le premier trait que l'on puisse regarder en Hans comme faisant partie de sa vie sexuelle est un intérêt tout particulièrement vif pour son « fait-pipi », ainsi qu'est appelé cet organe d'après celle de ses fonctions qui, à peine des deux la moins importante, ne peut être éludée dans la nursery. Cet intérêt fait de Hans un investigateur ; il en vient ainsi à découvrir que l'on peut, d'après la présence ou l'absence d'un fait-pipi, distinguer le vivant de l'inanimé. Il postule, chez tous les êtres vivants, qu'il juge semblables à lui-même, cette importante partie du corps, il l'étudie chez les grands animaux, suppose que ses parents en sont tous deux pourvus, et ne se laisse même pas arrêter par le témoignage de ses yeux pour en assigner un à sa sœur qui vient de naître. On pourrait dire que c'eût été un trop grand ébranlement de sa « philosophie du monde » s'il avait dû se résoudre à renoncer à la présence de cet organe chez un être semblable à lui ; c'eût été comme si on le lui eût arraché à lui-même. Voilà sans doute pourquoi, une menace de sa mère, ne tendant à rien de moins qu'à la perte du « fait-pipi » est aussitôt chassée de la pensée de Hans et ne peut que plus tard manifester ses effets. L'intervention de la mère avait été motivée parce que Hans aimait à se procurer des sensations agréables en touchant son petit membre : le petit garçon avait commencé à pratiquer la sorte d'activité sexuelle autoérotique la plus commune – et la plus normale.

Par un processus qu'Alf. Adler a dénommé très proprement « intrication des pulsions », le plaisir trouvé par un sujet à son propre organe sexuel s'allie à la scopophilie (plaisir sexuel attaché à la vision) dans ses composantes active et passive. Le petit garçon cherche à trouver l'occasion de voir le « fait-pipi » des autres, sa curiosité sexuelle se développe et il aime montrer le sien. L'un de ses rêves, datant des premiers temps du refoulement, contient le souhait qu'une de ses petites amies l'assiste quand il fait pipi, c'est-à-dire qu'elle ait part au spectacle. Le rêve témoigne ainsi du fait que ce désir avait subsisté jusque-là sans être refoulé, de même que des informations plus tardives confirment que Hans avait l'habitude de satisfaire ce désir.

La composante active de la scopophilie se met bientôt en rapport avec un motif déterminé. Quand Hans se plaint à plusieurs reprises tant à son père qu'à sa mère de n'avoir jamais encore vu leur « fait-pipi », il y est sans doute poussé par le besoin de *comparer*. Le moi est toujours l'étalon auquel on mesure le monde : c'est par une comparaison constante avec soi-même qu'on apprend à le comprendre. Hans a observé que les grands animaux avaient des « fait-pipi » proportionnellement plus grands que le sien ; c'est pourquoi il suppose le même rapport chez ses parents et voudrait se convaincre de la chose. Sa mère, pense-t-il, a sûrement un fait-pipi « comme un cheval ». Il a alors cette consolation toute prête : son « fait-pipi » grandira avec lui ; il semble que le désir de l'enfant de devenir grand se soit concentré sur son organe génital.

Dans la constitution sexuelle du petit Hans, la zone génitale est ainsi, dès le début, celle de toutes les zones érogènes qui lui procure le plus intense plaisir. Le seul autre plaisir similaire dont Hans témoigne est le plaisir excrémentiel, celui qui est attaché aux orifices par lesquels ont lieu l'évacuation de l'urine et celle des fèces. Quand, dans son dernier fantasme de félicité, avec lequel sa maladie est surmontée, il a des enfants qu'il mène au W.-C., quand il leur fait faire pipi et leur essuie le derrière, bref « *fait avec eux tout ce qu'on peut faire avec des enfants* », il semble impossible de ne pas admettre que ces pratiques, du temps où Hans tout petit en était l'objet, n'aient pas été pour lui une source de sensations agréables. Il avait obtenu de ses zones érogènes ce plaisir à l'aide de la personne qui le soignait enfant, de fait sa mère ; et ainsi ce plaisir indiquait déjà la voie au choix de l'objet. Mais il est possible qu'à une date encore antérieure il ait eu l'habitude de se procurer ce plaisir sur le mode autoérotique, qu'il ait été de ces enfants qui aiment à retenir leurs excréments jusqu'à ce que leur évacuation puisse leur procurer une excitation voluptueuse.

« Hans », *Cinq psychanalyses*,
© PUF, 1954, p. 168-170

QUE CACHE LE DÉSIR D'ORDRE ?

Les personnes que je vais décrire ont ceci de frappant qu'elles montrent régulièrement réunies chez elles les trois particularités suivantes : elles sont spécialement ordonnées, économes et entêtées. Chacun de ces mots recouvre à vrai dire un petit groupe ou une petite série de traits de caractère apparentés entre eux. « Ordonné » comprend aussi bien la propreté corporelle que la scrupulosité dans l'accomplissement de petits devoirs et la fiabilité ; le contraire en serait : désordonné, négligent. Le fait d'être économe peut se manifester sous une forme allant jusqu'à l'avarice ; l'entêtement vire au défi, auquel se rattache facilement le penchant à l'emportement et à la vengeance. Les deux dernières particularités – être économe et entêté – sont plus solidement corrélées entre elles qu'avec la première, celle d'être « ordonné » ; elles constituent d'ailleurs la partie la plus constante de tout le complexe ; pourtant il me paraît irréfutable que d'une manière ou d'une autre elles vont toutes les trois ensemble.

Ce que l'on apprend facilement à partir de l'histoire de la petite enfance de ces personnes, c'est qu'elles ont eu besoin d'un temps relativement long pour devenir maîtres de l'*incontinentia alvi* infantile et qu'elles ont encore eu à se plaindre, dans les années d'enfance ultérieures, d'échecs isolés de cette fonction. Elles semblent avoir été de ces nourrissons qui se refusent à vider leur intestin quand ils sont mis sur le pot, parce qu'ils retirent de la défécation un gain marginal de plaisir ; elles indiquent en effet que retenir leurs selles leur a encore procuré du contentement dans des années un peu plus tardives, et elles se souviennent – même s'il s'agit plutôt et plus facilement de leurs frères et sœurs que de leur propre personne – de toutes sortes de manipulations inconvenantes avec l'excrément qui a été expulsé. Nous déduisons de ces indices une accentuation érogène des plus nettes de la zone anale dans la constitution sexuelle qui est innée chez elles ; mais comme chez ces personnes, une fois l'enfance écoulée, plus rien de ces faiblesses et singularités ne peut être retrouvé, nous devons faire l'hypothèse que la zone anale a perdu sa signification érogène au cours du développement et supposer alors que la constance de cette triade de particularités dans leur caractère peut être mise en relation avec l'absorption de l'érotisme anal.

La nécessité interne de cette corrélation n'est naturellement pas transparente, même pour moi ; je peux pourtant indiquer quelques éléments susceptibles d'être utilisés pour aider à sa compréhension. Être propre, ordonné, fiable donne tout à fait l'impression d'une formation réactionnelle contre l'intérêt porté à ce qui est malpropre, dérangeant, n'appartenant pas au corps (« *Dirt is matter in the wrong place* »). Mettre l'entêtement et l'intérêt pour la défécation en relation n'est pas, semble-t-il, une tâche facile ; que l'on se rappelle pourtant que le nourrisson peut déjà se comporter avec entêtement au moment de lâcher ses selles (cf. plus haut) et que ce sont des stimuli douloureux exercés sur la peau des fesses – reliée à la zone anale érogène – qui servent généralement à l'éducation pour briser l'entêtement de l'enfant, le rendre docile. Pour exprimer le défi et le sarcasme qui défie, nous utilisons encore maintenant, comme jadis, une invitation qui a pour contenu le fait de caresser la zone anale et qui à vrai dire désigne un acte de tendresse frappé par le refoulement. Mettre à nu son derrière constitue l'affaiblissement de cette parole en geste ; dans le Götz von Berlichingen de Goethe, on trouve les deux, la parole et le geste, amenés comme expression du défi au passage le plus approprié.

Les relations existant entre les complexes apparemment si disparates de l'intérêt pour l'argent et de la défécation se révèlent être des plus abondantes. Tout médecin qui a pratiqué la psychanalyse sait bien que c'est par cette voie que peuvent être éliminées les constipations les plus tenaces et les plus durables – qualifiées d'habituelles – des nerveux. L'étonnement que cela suscite est atténué si l'on se rappelle que cette fonction s'est d'ailleurs avérée pareillement docile vis-à-vis de la suggestion hypnotique. Or en psychanalyse on aboutit à cet effet seulement lorsqu'on touche au complexe de l'argent chez les personnes concernées et qu'on les amène à porter à la conscience ce même complexe, avec toutes ses relations. On pourrait penser que la névrose, ici, ne fait que suivre une indication de l'usage de la langue, qui qualifie une personne retenant bien trop anxieusement son argent de « schmutzig » [sale, sordide] ou « filzig » [sale, avare] (en anglais : *filthy* = schmutzig). Mais ce serait là mettre en valeur un point par trop superficiel. En vérité, partout où le mode de pensée archaïque a été dominant ou l'est resté, dans les cultures antiques, dans le mythe, le conte, la superstition, dans la pensée inconsciente, dans le rêve et dans la névrose, l'argent est placé dans les relations les plus intimes avec la merde. On sait que l'or dont le diable fait cadeau à ses favoris se transforme, après son départ, en merde, et le diable n'est très certainement rien d'autre que la personnification de la vie pulsionnelle inconsciente refoulée. On connaît en outre la superstition qui rapproche la découverte de trésors et la défécation, et chacun est familiarisé avec la figure du « chieur de ducats ». Déjà, en effet, dans la doctrine de l'ancienne Babylone, l'or est l'excrément de l'enfer, *Mammon = ilu manman*. Donc, lorsque la névrose suit l'usage de la langue, elle prend ici comme ailleurs les mots dans leur sens originel, chargé de signification, et là où elle semble présenter un mot de façon imagée, elle ne fait en règle générale que rétablir la signification ancienne du mot.

Il est possible que l'opposition entre ce que l'homme a appris à connaître comme ayant le plus de valeur et ce qui en est le plus dépourvu, qu'il rejette comme déchet (« *refuse* »), ait conduit à cette identification ainsi déterminée de l'or et de l'excrément.

Dans la pensée de la névrose, une autre circonstance concourt sans doute à cette équivalence. Nous le savons, l'intérêt originellement érotique porté à la défécation est destiné à s'éteindre dans les années de plus grande maturité ; pendant ces années l'intérêt porté à l'argent apparaît en tant qu'intérêt nouveau, qui n'était pas encore là dans l'enfance ; ainsi est facilité le fait que la tendance antérieure, sur le point de perdre son but, soit redirigée sur ce nouveau but qui surgit.

Caractère et érotisme anal,
© PUF, *Œuvres complètes*,
vol. VIII, 2007, p. 189-194

3) Les perversions d'objet

a – Masturbation et autoérotisme

« Au confrère chez qui j'ai trouvé le rêve à stimulus dentaire [...] je suis également redevable du rêve avec pollution qui suit, dont la transparence est comparable :

"Je dévale les marches dans la cage d'escalier à la poursuite d'une fillette qui m'a fait quelque chose, pour la punir. Parvenu en bas de l'escalier quelqu'un m'a retenu l'enfant (une adulte de sexe féminin ?) ; je l'attrape, mais je ne sais pas si je l'ai tapé, car tout d'un coup je me suis retrouvé au milieu de l'escalier, en train de coïter l'enfant (comme si c'était en l'air en quelque sorte). À vrai dire ce n'était pas un coït, mais je ne faisais que frotter mon organe génital sur la partie externe du sien, opération pendant laquelle je voyais avec une netteté extrême aussi bien ce dernier que le visage de l'enfant retourné sur le côté. Pendant l'acte sexuel je voyais à gauche au-dessus de moi (là encore comme en l'air) deux petites peintures accrochées, des paysages représentant une maison dans la verdure. Sur la plus petite, en bas, à l'endroit de la signature du peintre il y avait mon propre prénom, comme si le tableau m'était destiné en guise de cadeau d'anniversaire. Et puis il y avait encore, accroché devant les deux tableaux, un carton signalant qu'il y avait aussi des tableaux meilleur marché disponibles ; (après quoi je me vois très indistinctement couché dans mon lit comme sur le palier du haut) et je suis alors réveillé par la sensation d'être mouillé, résultat de la pollution qui s'est produite."

Interprétation : dans la soirée du jour du rêve, le rêveur s'était trouvé dans la boutique d'un libraire, où, tandis qu'il attendait, il avait regardé quelques tableaux exposés, représentant des motifs semblables à ceux des images du rêve. Il s'était approché de plus près d'un petit tableautin qui lui avait particulièrement plu, en cherchant le nom du peintre, qui cependant lui était totalement inconnu.

Le même soir, en société, il avait entendu parler d'une servante de Bohême qui s'était vantée d'avoir « fait dans l'escalier » son enfant naturel ; le rêveur s'était renseigné sur le détail de cet événement peu ordinaire et avait appris que la servante était revenue chez elle avec son soupirant dans le logement de ses parents, où il n'y aurait guère eu d'occasion de rapport sexuel, et que l'homme excité avait accompli le coït dans l'escalier. Ce que le rêveur avait commenté en plaisantant par une allusion à la méchante expression en usage pour le frelatage du vin : que l'enfant avait vraiment "poussé dans l'escalier de la cave".

Tels sont les liens diurnes, représentés avec passablement d'insistance dans le contenu onirique et reproduits sans manières par le rêveur. Mais il produit tout aussi facilement une ancienne bribe de souvenir infantile, qui a pareillement trouvé une utilisation dans le rêve. La cage d'escalier est celle de la maison dans laquelle il avait passé la majeure partie de ses années d'enfance et où, en particulier, il avait pour la première fois fait connaissance de manière consciente avec les problèmes sexuels. Il avait souvent joué dans cette cage d'escalier et, entre autres, fait des glissades à cheval sur la rampe qui lui avaient fait ressentir une excitation sexuelle. Or dans le rêve il dévale pareillement l'escalier à une vitesse inouïe, si vite qu'à en croire ses propres indications explicites, il ne touche même pas les marches, mais comme on dit "descend en *vol plané*" ou glisse. En rapport avec l'épisode vécu dans l'enfance ce début du rêve semble figurer le moment de l'excitation sexuelle. – Mais dans cette cage d'escalier et dans l'appartement qui lui est associé, le rêveur avait aussi souvent joué avec les enfants du *voisinage* à des bagarres sexuelles, où il s'était satisfait de la même façon que ce qui lui arrive dans le rêve.

Si l'on sait d'après les recherches de Freud sur les symboles sexuels [...] que l'escalier et la montée de l'escalier dans le rêve symbolisent presque régulièrement le coït, ce rêve est totalement transparent. Son moteur, comme d'ailleurs le montre aussi son effet, la pollution, est de nature purement libidinale. Dans l'état de sommeil l'excitation sexuelle (représentée dans le rêve par le dévalement rapide – la glissade – de l'escalier) se réveille, excitation dont la marque sadique est suggérée sur la base des jeux de mains rappelés dans la poursuite de l'enfant et dans la violence qu'il lui fait subir. L'excitation libidinale s'accroît et pousse à l'action sexuelle (figurée dans le rêve par la capture de l'enfant et son transport au milieu de l'escalier). Jusque-là le rêve serait dans la pure symbolique sexuelle et totalement opaque pour les interprètes de rêves peu exercés. Mais cette satisfaction symbolique qui aurait garanti le repos du sommeil ne suffit pas à l'excitation libidinale extrêmement forte. L'excitation mène jusqu'à l'orgasme et du coup toute la symbolique de l'escalier est dévoilée comme représentant le coït. Quand Freud souligne comme étant l'une des raisons de l'utilisation sexuelle du symbole de l'escalier le caractère rythmique des deux activités, ce rêve-ci semble aller de manière particulièrement claire dans ce sens, étant donné que, selon l'indication expresse du rêveur, la cadence de son acte sexuel, le frottement dans les deux sens, haut et bas, avait été, dans tout le rêve, l'élément le plus nettement marqué.

Une remarque encore sur les deux tableaux, qui, indépendamment de leur signification réelle, ont aussi au sens symbolique valeur de « bonnes femmes » *[Weibsbilder]*, ce qui ressort déjà du fait qu'il s'agit d'une grande et d'une petite image, de la même façon que dans le contenu du rêve on voit apparaître une grande fille (adulte) et une petite fille. Le fait qu'il y ait aussi des tableaux meilleur marché disponibles conduit au complexe « prostituées », de la même façon que, par ailleurs, le prénom du rêveur sur le petit tableau et l'idée qu'il lui est destiné pour son anniversaire renvoient au complexe parental (né dans l'escalier = engendré dans le coït).

La scène finale, peu nette, où le rêveur se voit couché dans un lit en haut sur le palier et sent qu'il est mouillé semble renvoyer plus loin encore dans l'enfance par-delà l'onanisme infantile et avoir pour modèle les scènes associées à un plaisir présumé semblable de pipi au lit. »

L'Interprétation du rêve, trad. inédite de J.-P. Lefèvre,
© Éditions du Seuil, 2010, pour la traduction française,
coll. Points Essais, 2013, p. 411-412

Le sens des « *rêves à stimulus dentaire* », que j'ai assez souvent eu à analyser chez mes patients, m'a pendant longtemps échappé parce qu'à ma grande surprise des résistances beaucoup trop grandes s'opposaient régulièrement à leur interprétation.

Finalement l'énorme évidence de la chose n'a plus laissé de place au doute quant au fait que, chez les hommes, ce qui est le moteur de ces rêves ce sont ni plus ni moins les envies de masturbation de l'époque pubertaire. J'analyserai ici deux rêves de ce genre, dont l'un est en même temps un « rêve de vol ». L'un et l'autre sont dus à la même personne, un jeune homme dont l'homosexualité est très forte, mais est inhibée dans la vie : *Lors d'une représentation de* Fidelio *à l'Opéra, il se trouve à l'orchestre à côté de L., une personnalité qui lui est sympathique, dont il aimerait gagner l'amitié. Tout à coup il s'envole en biais au-dessus de l'orchestre, qu'il traverse jusqu'au bout, se met la main dans la bouche et s'extrait deux dents.*

Il décrit lui-même le vol comme s'il avait « été jeté » en l'air. Comme il s'agit d'une représentation de *Fidelio*, les mots du poète s'imposent :

« Qui a conquis gracieuse femme – »

Mais même conquérir la plus gracieuse des femmes ne fait pas partie des désirs du rêveur, auxquels deux autres vers font mieux écho :

« Qui a réussi le *coup gagnant*,
d'être l'ami d'un ami... »

Or le rêve contient ce « coup gagnant », qui cependant n'est pas seulement une satisfaction de désir. Derrière lui se cache aussi la réflexion pénible qu'il a si souvent manqué de chance dans ces demandes d'amitié, qu'il a été « jeté », et la peur que ce destin pourrait se répéter avec ce jeune homme à côté duquel il prend plaisir à écouter *Fidelio*. Et à cela s'accroche alors l'aveu humiliant pour le subtil rêveur qu'un jour après avoir été éconduit par un ami, il s'est masturbé deux fois de suite sous le coup de l'attirance déçue, dans un état de grande excitation sensuelle.

L'autre rêve : *Deux professeurs d'université connus de lui le traitent à ma place. L'un d'eux fait quelque chose à son membre ; il est angoissé à l'idée d'une opération. L'autre frappe avec une barre de fer sur sa bouche, si bien qu'il perd deux dents. On l'attache avec quatre foulards de soie.*

Le sens sexuel de ce rêve n'est sans doute pas douteux. Les écharpes de soie correspondent à une identification avec un homosexuel de sa connaissance. Le rêveur, qui n'a jamais pratiqué de coït, et qui dans la réalité n'a d'ailleurs jamais non plus recherché un rapport sexuel avec des hommes, se représente le rapport sexuel sur le modèle de l'onanisme pubertaire qui lui était jadis familier.

Je suis d'avis que même les fréquentes modifications du rêve à stimulus dentaire typique, par exemple le fait que ce soit un autre qui extraie la dent du rêveur, et d'autres changements encore, deviennent compréhensibles par la même explication. Il peut cependant sembler énigmatique que le « stimulus dentaire » puisse parvenir à cette signification. J'attire l'attention ici sur la translation si fréquente du bas vers le haut, qui est au service du refoulement sexuel et par le moyen de laquelle dans l'hystérie toutes sortes de sensations et d'intentions qui devaient se dérouler au niveau des organes génitaux peuvent au moins être réalisées à même d'autres parties – irréprochables – du corps. Or a également un cas de translation de ce genre quand dans la symbolique de la pensée inconsciente les organes génitaux sont remplacés par le visage. L'usage de la langue coopère en la matière en reconnaissant les « joues de derrière » comme des homologues des joues, parle des « petites et grandes lèvres » à côté des lèvres qui entourent la fente buccale. Dans de très nombreuses allusions, le nez est identifié au pénis, la pilosité distribuée çà et là complétant la ressemblance. Une seule formation organique est à l'écart de toute possibilité de comparaison : les dents, et c'est précisément cette concomitance de la concordance et de l'écart qui approprie les dents aux finalités de la figuration sous la pression du refoulement sexuel.

L'Interprétation du rêve, trad. inédite de J.-P. Lefèvre
© Éditions du Seuil, 2010, pour la traduction française
coll. Points Essais, 2013, p. 427-429

b – L'inceste

Que les rêves à première vue évidemment innocents incarnent de grossiers désirs érotiques est une thèse que nous avons posée déjà en d'autres lieux et que nous pourrions durcir encore par d'innombrables nouveaux exemples. Mais il y a aussi beaucoup de rêves d'apparence indifférente, chez lesquels, dans aucune direction, on ne remarquerait quoi que ce soit de spécial, et qui après l'analyse, de manière inattendue, se ramènent souvent à des mouvements désirants indubitablement sexuels. Qui irait par exemple supposer dans le rêve suivant, avant l'interprétation, un désir à caractère sexuel ? Le rêveur raconte : *entre deux palais imposants se dresse un peu en retrait une petite maisonnette dont les portes d'entrée sont fermées. Ma femme me conduit sur le bout de chemin qui va de la rue à la maisonnette, pousse la porte, et je me faufile alors rapidement et sans difficulté à l'intérieur d'une cour en pente qui monte en biais.*

Quiconque a un peu de pratique dans la traduction de rêves se verra certes aussitôt rappeler que le fait de pénétrer dans des espaces étroits, qu'ouvrir des portes fermées ressortit à la symbolique sexuelle la plus courante, et trouvera aisément dans ce rêve la figuration d'une tentative de coït par-derrière (entre les deux imposantes moitiés postérieures du corps féminin). Le passage étroit et qui monte en biais est naturellement le vagin ; l'aide imputée à la femme du rêveur force à interpréter qu'en réalité seuls les égards envers l'épouse dispensent la retenue qui prémunit contre pareille tentative, et une demande de renseignements nous apprend que le jour du rêve une jeune fille est entrée dans le ménage du rêveur, qui lui a beaucoup plu et lui a laissé l'impression qu'elle ne se rebellerait pas trop contre une approche de ce genre. La petite maison entre les deux palais est tirée d'une réminiscence du Hradschin à Prague et renvoie par cette indication à la jeune fille en question, qui vient de cette même ville.

Quand je souligne devant des patients la fréquence du rêve œdipien de rapports sexuels avec sa propre mère, on me répond ceci : je ne peux pas me souvenir d'un rêve pareil. Mais peu après remonte le souvenir d'un autre rêve, non reconnaissable et indifférent, qui s'est répété fréquemment chez la personne concernée, et l'analyse montre que c'est là un rêve de même contenu, savoir, de nouveau un rêve œdipien. Je peux donner l'assurance que les rêves camouflés de rapports sexuels avec la mère sont, dans des proportions multiples, plus fréquents que les rêves les évoquant franchement.

Il y a des rêves de paysages et de lieux dans lesquels une certitude habite le rêve lui-même, soulignée avec insistance : j'ai déjà été là. Mais ce « *déjà-vu* » a dans le rêve une signification particulière. Ce lieu en effet est toujours l'organe génital de la mère ; et de fait il n'est aucun lieu dont on puisse affirmer avec autant de certitude qu'« on y a déjà été une fois ». Une seule fois un patient souffrant de névrose obsessionnelle m'a plongé dans l'embarras en faisant état d'un rêve dans lequel il disait qu'il venait dans une habitation où il avait déjà été deux fois. Mais c'est précisément ce même patient qui longtemps auparavant m'avait raconté comme un épisode de sa sixième année qu'il avait jadis partagé le lit de sa mère et abusé de la circonstance pour introduire le doigt dans l'organe génital de l'endormie.

Un grand nombre de rêves, souvent remplis d'angoisse, et qui ont fréquemment pour contenu le passage dans des espaces étroits ou un séjour prolongé dans l'eau, reposent sur des productions imaginaires relatives à la vie intra-utérine, au séjour dans le ventre maternel et à l'accouchement.

L'Interprétation du rêve, trad. inédite de J.-P. Lefèvre,
© Éditions du Seuil, 2010, pour la traduction française,
coll. Points Essais, 2013, p. 439-442

LE SOURIRE DE LA *JOCONDE*

Léonard, en réussissant à rendre, dans le visage de la *Joconde,* le double sens de ce sourire : promesse d'une tendresse sans bornes et menaçant présage de malheur (d'après Pater), restait là encore fidèle au contenu de ses premiers souvenirs. Car la tendresse excessive de sa mère lui fut fatale, scella son destin et les carences de son être et de sa vie. La violence des caresses que révèle son fantasme au vautour n'était que trop naturelle ; la pauvre mère abandonnée devait épancher dans l'amour maternel et tout son souvenir des tendresses perdues et sa nostalgie de tendresses nouvelles ; elle se sentait poussée non seulement à se dédommager elle-même de n'avoir pas d'époux, mais à dédommager l'enfant de n'avoir pas un père qui l'eût caressé. Alors, à la façon des mères insatisfaites, elle mit le petit enfant à la place de l'époux et le dépouilla, par une trop précoce maturation de son érotisme, d'une partie de sa virilité. L'amour de la mère pour le nourrisson qu'elle nourrit et soigne est quelque chose d'autrement profond que son affection ultérieure pour l'enfant qui a commencé de croître. C'est une relation d'amour comportant la satisfaction plénière, et qui comble non pas seulement tous les désirs psychiques, mais assouvit aussi tous les besoins physiques. Et si elle représente une des formes du bonheur accessible aux humains, cela tient en grande partie à la possibilité qu'offre la relation entre mère et enfant de satisfaire en même temps, sans reproches, des désirs anciens, refoulés, et qu'on devrait qualifier de pervers. Dans les jeunes ménages les plus heureux, le père sent que l'enfant, surtout le fils, est devenu son rival, et une hostilité profondément enracinée dans l'inconscient prend dès lors naissance contre le préféré.

Quand Léonard, parvenu à l'apogée de sa vie, rencontra à nouveau ce sourire de béatitude extatique, semblable à celui qui se jouait sur les lèvres de sa mère tandis qu'elle le caressait, lui-même était depuis longtemps la proie d'une inhibition qui lui interdisait de jamais plus demander de telles tendresses à des lèvres de femme. Mais il était devenu peintre et s'efforça de recréer avec son pinceau ce sourire, et il en dota tous ses tableaux, qu'il les exécutât lui-même ou les fît exécuter sous sa direction, par ses élèves : la *Léda*, le *Saint Jean*, le *Bacchus*. Ces deux derniers ne sont que variantes du même type. Muther dit : « Du mangeur de sauterelles de la Bible, Léonard a fait un Bacchus, un petit Apollon qui nous contemple d'un regard sensuel et troublant, ses tendres jambes mollement croisées, un sourire énigmatique sur les lèvres. » Ces tableaux respirent une mystique dont on n'ose pas pénétrer le secret ; on peut tout au plus tenter d'en rechercher le lien avec les créations antérieures de Léonard. Ces figures sont de nouveau androgynes, mais non plus dans le sens où l'était le fantasme au vautour. Ce sont de beaux jeunes gens d'une délicatesse féminine, aux formes efféminées ; ils ne baissent pas les yeux, mais nous regardent d'un regard mystérieusement vainqueur, comme s'ils connaissaient un grand triomphe de bonheur que l'on doit taire ; le sourire ensorceleur que nous connaissons laisse deviner qu'il s'agit d'un secret d'amour. Peut-être Léonard a-t-il désavoué et surmonté, par la force de l'art, le malheur de sa vie d'amour en ces figures qu'il créa et où une telle fusion bienheureuse de l'être mâle avec l'être féminin figure la réalisation des désirs de l'enfant autrefois fasciné par la mère.

Un souvenir d'enfance de Léonard de Vinci,
trad. J. Altounian, A. et O. Bourguignon, P. Cotet et A. Rauzy,
© Gallimard, « Idées », 1987, p. 108-111

4) Les perversions de but

a – Cruauté et pulsion de mort

ENTRE FRÈRE ET SŒUR

Lorsqu'une personne, tout en manifestant extérieurement une douleur, rêve que son père ou sa mère, son frère ou sa sœur sont morts, je n'utiliserai jamais ce rêve comme preuve de ce qu'elle souhaite *maintenant* leur mort. La théorie du rêve n'en demande pas tant ; elle se contente de conclure qu'elle leur a souhaité – à un moment quelconque de l'enfance – de mourir. Mais je redoute que cette réserve ne contribue encore que bien peu à rassurer les maîtres plaignants ; ils vont sans doute mettre autant d'énergie à contester la possibilité d'avoir jamais eu ces pensées, qu'ils ont la certitude de sentir qu'ils ne nourrissent point de pareils désirs dans le présent. C'est pourquoi je dois maintenant reconstituer un morceau de la vie psychique enfantine aujourd'hui révolue d'après les témoignages que le présent peut encore exhiber.

Observons d'abord le rapport des enfants à leurs frères et sœurs. Je ne sais pas pourquoi nous posons par hypothèse qu'il ne peut pas ne pas être plein d'amour, dès lors pourtant que les exemples d'hostilité au sein de la fratrie chez les adultes sont monnaie courante dans l'expérience de chacun, et que nous pouvons bien souvent constater combien ce conflit provient encore de l'enfance, voire, a toujours existé. Outre cela, un très grand nombre d'adultes qui aujourd'hui ont beaucoup d'affection et de tendresse pour leurs frères et sœurs et sont toujours prêts à les aider ont vécu pendant leur enfance dans une hostilité pratiquement continue avec eux. L'aîné a maltraité le cadet, l'a dénoncé et sali, lui a volé ses jouets ; le plus jeune s'est rongé de rage impuissante contre le plus âgé, l'a envié et craint, ou encore les premières poussées de l'aspiration à la liberté et de sa prise de conscience du droit se sont tournées contre l'oppresseur ; les parents disent que les enfants ne se supportent pas, sans pouvoir trouver la raison de la chose. Il n'est pas difficile

de voir que même le caractère de l'enfant sage est tout à fait diffé-
rent de celui que nous aimerions trouver chez un adulte. L'enfant
est absolument égoïste, il ressent ses besoins sur un mode intense et
fait tout ce qu'il peut pour les satisfaire, sans se poser de questions,
en particulier contre ses concurrents, qui sont d'autres enfants,
et en première ligne, contre ses frères et sœurs. Ce n'est pas pour
autant que nous disons de l'enfant qu'il est « mauvais », *schlecht*,
nous disons qu'il est *schlimm*, « vilain » ; il n'est pas responsable de
ses méchancetés, ni pour notre jugement ni devant la loi pénale. Et
ce à juste titre. Nous pouvons en effet espérer que pendant la durée
d'existence que nous attribuons à l'enfance s'éveilleront chez le petit
égoïste les émois altruistes et la morale, et que, pour parler comme
Meynert, un Moi secondaire viendra recouvrir et inhiber le Moi
primaire. Certes la moralité ne surgit pas simultanément sur toute
la ligne, et par ailleurs la durée de la période amorale chez l'enfant
varie selon les individus. Quand le développement de cette moralité
ne se produit pas, nous parlons volontiers de « dégénérescence » ;
il s'agit manifestement d'une inhibition du développement. Quand
le caractère primaire est déjà recouvert par le développement ultérieur, il peut être, au moins partiellement, de nouveau dégagé
par une affection hystérique. La concordance constatée entre un
caractère dit « hystérique » et le caractère d'un vilain enfant est
tout à fait remarquable. En revanche, la névrose obsessionnelle correspond à une hyper-moralité, posée comme une charge de renfort
pour contenir un caractère primaire qui se réactive.

Bien des gens donc, qui aujourd'hui aiment leurs frères et sœurs
et se sentiraient dépossédés par leur disparition, portent à leur
encontre dans leur inconscient, depuis une période précoce, de
méchants désirs qui arrivent à se réaliser dans des rêves. Mais il est
tout particulièrement intéressant d'observer, jusqu'à l'âge de trois
ans ou un peu plus, le comportement des petits enfants à l'égard
de leurs frères et sœurs plus jeunes. L'enfant, jusqu'à présent, était
l'unique enfant ; et voilà qu'on lui annonce que la cigogne en a
amené un nouveau. L'enfant passe l'arrivant à l'inspection, puis
énonce résolument sa sentence : « La cigogne doit le reprendre. »

L'Interprétation du rêve, trad. inédite de J.-P. Lefèvre,
© Éditions du Seuil, 2010, pour la traduction française,
coll. Points Essais, 2013, p. 290-292

Dans une indépendance encore plus grande à l'égard du reste de l'activité sexuelle liée aux zones érogènes se développe chez l'enfant la composante de cruauté de la pulsion sexuelle. D'une manière générale, la cruauté est affine au caractère enfantin, étant donné que l'entrave qui conduit la pulsion d'emprise à faire halte devant la douleur des autres, la capacité de compassion, se constitue relativement tard. Il est connu que l'analyse psychologique radicale de cette pulsion n'a pas encore abouti ; nous sommes autorisés à supposer que la motion cruelle dérive de la pulsion d'emprise et entre en scène dans la vie sexuelle à une époque où les organes génitaux n'ont pas encore assumé leur rôle ultérieur. Elle domine ensuite une phase de la vie sexuelle que nous décrirons ultérieurement comme organisation prégénitale. Les enfants qui se distinguent par une cruauté particulière à l'égard des animaux et de leurs compagnons de jeux éveillent ordinairement et à juste titre le soupçon d'une activité sexuelle intense et prématurée à partir des zones érogènes, et, dans les cas de précocité concomitante de toutes les pulsions sexuelles, l'activité sexuelle érogène semble tout de même être primaire. La chute de la barrière de la compassion comporte le risque que ce nouage opéré dans l'enfance des pulsions cruelles aux pulsions érogènes s'avère dans la vie ultérieure indissoluble.

Depuis les *Confessions* de Jean-Jacques Rousseau, il est connu de tous les éducateurs que la stimulation douloureuse de la peau des fesses est l'une des racines érogènes de la pulsion passive à la cruauté (du masochisme). Ils en ont déduit à bon droit l'exigence qu'on ait à s'abstenir d'infliger un châtiment corporel, lequel vise le plus souvent cette partie du corps, à tous les enfants chez lesquels, à l'occasion des postulations ultérieures de l'éducation à la culture, la libido peut refluer vers les voies collatérales.

Trois essais sur la théorie sexuelle (1905-1924),
traduction de Fernand Cambon,
© Flammarion, coll. Champs Classiques,
2011, p. 180-181

b – Le suçotement

DU SEIN AU POUCE

Les premières manifestations de la sexualité, qui se montrent chez le nourrisson, se rattachent à d'autres fonctions vitales. Ainsi que vous le savez, son principal intérêt porte sur l'absorption de nourriture ; lorsqu'il s'endort rassasié devant le sein de sa mère, il présente une expression d'heureuse satisfaction qu'on retrouve plus tard à la suite de la satisfaction sexuelle. Ceci ne suffirait pas à justifier une conclusion. Mais nous observons que le nourrisson est toujours disposé à recommencer l'absorption de nourriture, non parce qu'il a encore besoin de celle-ci, mais pour la seule action que cette absorption comporte. Nous disons alors qu'il suce ; et le fait que, ce faisant, il s'endort de nouveau avec une expression béate, nous montre que l'action de sucer lui a, comme telle, procuré une satisfaction. Il finit généralement par ne plus pouvoir s'endormir sans sucer. C'est un pédiatre de Budapest, le Dr Lindner, qui a le premier affirmé la nature sexuelle de cet acte. Les personnes qui soignent l'enfant et qui ne cherchent nullement à adopter une attitude théorique, semblent porter sur cet acte un jugement analogue. Elles se rendent parfaitement compte qu'il ne sert qu'à procurer un plaisir, y voient une « mauvaise habitude », et lorsque l'enfant ne veut pas renoncer spontanément à cette habitude, elles cherchent à l'en débarrasser en y associant des impressions désagréables. Nous apprenons ainsi que le nourrisson accomplit des actes qui ne servent qu'à lui procurer un plaisir. Nous croyons qu'il a commencé à éprouver ce plaisir à l'occasion de l'absorption de nourriture, mais qu'il n'a pas tardé à apprendre à la séparer de cette condition. Nous rapportons cette sensation de plaisir à la zone bucco-labiale, désignons cette zone sous le nom de zone érogène et considérons le plaisir procuré par l'acte de sucer comme un plaisir sexuel. Nous aurons certainement encore à discuter la légitimité de ces désignations.

Si le nourrisson était capable de faire part de ce qu'il éprouve, il déclarerait certainement que sucer le sein maternel constitue l'acte le plus important de la vie. Ce disant, il n'aurait pas tout à fait tort, car il satisfait par ce seul acte deux grands besoins de la vie. Et ce n'est pas sans surprise que nous apprenons par la psychanalyse combien profonde est l'importance psychique de cet acte dont les traces persistent ensuite la vie durant. L'acte qui consiste à sucer le sein maternel devient le point de départ de toute la vie sexuelle, l'idéal jamais atteint de toute satisfaction sexuelle ultérieure, idéal auquel l'imagination aspire dans des moments de grand besoin et de grande privation. C'est ainsi que le sein maternel forme le premier objet de l'instinct sexuel ; et je ne saurais vous donner une idée assez exacte de l'importance de ce premier objet pour toute recherche ultérieure d'objets sexuels, de l'influence profonde qu'il exerce, dans toutes ses transformations et substitutions, jusque dans les domaines les plus éloignés de notre vie psychique. Mais bientôt l'enfant cesse de sucer le sein qu'il remplace par une partie de son propre corps. L'enfant se met à sucer son pouce, sa langue. Il se procure ainsi du plaisir, sans avoir pour cela besoin du consentement du monde extérieur, et l'appel à une deuxième zone du corps renforce en outre le stimulant de l'excitation. Toutes les zones érogènes ne sont pas également efficaces ; aussi est-ce un événement important dans la vie de l'enfant lorsque, à force d'explorer son corps, il découvre les parties particulièrement excitables de ses organes génitaux et trouve ainsi le chemin qui finira par le conduire à l'onanisme.

Introduction à la psychanalyse,
© Payot, 2001, p. 292-294

LA BOUCHE ET LES LÈVRES

Le *suçotement*, qui entre déjà en scène chez le nourrisson, et qui peut se poursuivre jusqu'aux années de la maturité ou se maintenir pendant toute la vie, consiste en un contact répété de succion rythmique avec la bouche (les lèvres), la finalité de la prise de nourriture étant exclue. Une partie de la lèvre elle-même, la langue, n'importe quelle autre aire cutanée – même le gros orteil –, sont prises comme un objet sur lequel est opérée la succion. Une pulsion de préhension qui entre en scène à cette occasion se manifeste par exemple par un tiraillement rythmé concomitant sur le lobe de l'oreille, et peut s'emparer à la même fin d'une partie d'une autre personne (le plus souvent de son oreille). La succion délectable est associée à une absorption complète de l'attention, conduisant ou à l'endormissement ou même à une réaction motrice du genre orgasme. Il n'est pas rare que se combine à la succion délectable une friction exercée sur certaines aires corporelles chatouilleuses, la poitrine, les organes génitaux externes. Par cette voie, beaucoup d'enfants parviennent du suçotement à la masturbation.

Lindner lui-même a clairement reconnu la nature sexuelle de cette activité, et il l'a fait ressortir en toute franchise. Dans l'éducation des enfants, le suçotement est souvent mis sur le même plan que d'autres « inconduites » sexuelles de l'enfant. De nombreux pédiatres et neurologues ont opposé une objection énergique à cette conception, objection qui repose sans doute en partie sur la confusion entre « sexuel » et « génital ». La contradiction ainsi portée soulève la question, difficile et impossible à récuser, de savoir selon quel critère général nous sommes disposés à identifier comme telles les manifestations sexuelles de l'enfant. Je suis d'avis que le contexte des phénomènes à l'occasion desquels nous avons, grâce à l'investigation psychanalytique, fait nos découvertes nous autorise à revendiquer pour le suçotement le statut de manifestation sexuelle et à étudier justement sur lui les traits essentiels de l'activité sexuelle infantile.

Autoérotisme. Nous avons le devoir d'évaluer cet exemple de manière approfondie. Soulignons, comme le trait le plus frappant de cette activité sexuelle, que la pulsion n'est pas dirigée vers d'autres personnes ; elle se satisfait sur le corps propre, elle est *autoérotique*, pour le dire avec une dénomination heureuse, introduite par Havelock Ellis.

Il est par ailleurs clair que l'action de l'enfant qui suçote est déterminée par la recherche d'un plaisir déjà vécu et à présent revenu à la mémoire. En suçant de manière rythmée une aire de peau ou de muqueuse, il trouve alors, dans le cas le plus simple, une satisfaction. Il est du reste facile de deviner en quelles occasions l'enfant a fait les premières expériences de ce plaisir, qu'il aspire maintenant à renouveler. La première activité de l'enfant, et la plus vitale, téter le sein maternel (ou l'un de ses succédanés), ne peut que l'avoir déjà familiarisé avec ce plaisir. Nous dirions que les lèvres de l'enfant se sont comportées comme une *zone érogène*, et que la stimulation par le flux de lait chaud a sans doute été la cause de cette sensation de plaisir. Il est probable qu'au début la satisfaction de la zone érogène était associée à la satisfaction du besoin de nourriture. L'activité sexuelle s'étaie d'abord sur l'une des fonctions qui servent à conserver la vie, et ne prend son autonomie que plus tard. Quiconque voit l'enfant se détacher rassasié du sein maternel et retomber en arrière, et plonger dans le sommeil avec les joues rougies et un sourire bienheureux sera forcé de se dire que cette image restera également décisive pour exprimer la satisfaction sexuelle dans la vie ultérieure. Maintenant, le besoin de répéter la satisfaction sexuelle est séparé du besoin de prendre de la nourriture, séparation qui est inévitable quand apparaissent les dents et que la nourriture n'est plus exclusivement aspirée, mais mâchée. Pour sucer, l'enfant ne se sert pas d'un objet étranger, mais plutôt d'une aire cutanée à lui, parce que celle-ci est plus commode pour lui, parce qu'il se rend ainsi indépendant du monde extérieur, qu'il n'est pas encore capable de maîtriser, et parce qu'il se procure ainsi une seconde zone érogène, même si elle est de moindre valeur. La valeur moindre de cette seconde aire sera plus tard l'un des facteurs qui le pousseront à chercher les parties de même nature, les lèvres, d'une autre personne. (On serait tenté de lui prêter l'idée : « Dommage que je ne puisse pas m'embrasser moi-même. »)

Tous les enfants ne suçotent pas. Il faut supposer que les enfants qui en viennent là sont ceux chez lesquels l'importance érogène des lèvres est constitutionnellement renforcée. Si celle-ci se maintient, ces enfants deviendront, à l'âge adulte, des dégustateurs de baisers, inclineront à des baisers pervers ou, s'ils sont hommes, auront en eux un motif puissant de boire et fumer. Cependant, si le refoulement vient par là-dessus, ils éprouveront du dégoût face à l'acte de manger et produiront des vomissements hystériques. En vertu du fait que la zone labiale est ici un facteur commun, le refoulement débordera sur la pulsion nutritive. Nombre de mes patientes sujettes à des troubles de l'acte de manger, à la boule hystérique, à des serrements de gorge et au vomissement ont été, en leurs années d'enfance, d'énergiques suçoteuses.

Trois essais sur la théorie sexuelle (1905-1924),
traduction de Fernand Cambon,
© Flammarion, coll. Champs Classiques, 2011, p. 159-164.

IV. Sens et valeur de la perversion

1) La névrose, « négatif de la perversion »

LES ANORMAUX

Tandis que les personnes dont les objets sexuels n'appartiennent pas au sexe qui se prête normalement à cela, soit les invertis, se présentent à l'observateur comme un collectif d'individus dont la valeur est peut-être par ailleurs inentamée, les cas dans lesquels sont élues objets sexuels des personnes qui n'ont pas atteint la maturité sexuelle (enfants) apparaissent d'emblée comme des égarements isolés. Ce n'est qu'exceptionnellement que des enfants sont les objets sexuels exclusifs. La plupart du temps, ils accèdent à ce rôle quand un individu devenu lâche et impuissant s'accommode d'un tel succédané ou qu'une pulsion impérieuse (qui ne souffre pas de délai) ne peut sur le moment s'emparer d'un objet plus approprié. Toujours est-il que la nature de la pulsion sexuelle se trouve éclairée par le fait qu'elle admet tant de variantes et un tel abaissement de l'objet, alors que la faim, qui tient beaucoup plus énergiquement à son objet, ne le permettrait que dans les cas extrêmes. Une remarque analogue vaut pour une pratique sexuelle qui n'est nullement rare, particulièrement chez les ruraux : les rapports sexuels avec les animaux, cas où l'on peut dire que l'attirance sexuelle franchit la barrière des espèces.

Pour des raisons esthétiques, on aimerait bien attribuer ces égarements graves de la pulsion sexuelle, comme d'autres, aux malades mentaux, mais ça ne marche pas. L'expérience enseigne que, chez ces derniers, on n'observe pas d'autres perturbations de la pulsion sexuelle que chez les personnes saines, chez des races et des classes sociales entières. C'est ainsi qu'on rencontre avec une fréquence inquiétante des abus sexuels à l'endroit des enfants chez des enseignants et des personnes qui en ont la garde, simplement parce que s'offre à eux l'occasion la plus favorable. Les malades mentaux ne présentent l'égarement en question que de manière, par exemple, plus prononcée ou, ce qui revêt une portée particulière, élevée au rang de l'exclusivité et mise à la place de la satisfaction sexuelle normale.

Cette très étrange relation des variations sexuelles à la gamme qui va de la santé jusqu'au trouble mental donne à penser. Je serais d'avis que le fait qu'il s'agit d'expliquer est l'indice que les motions de la vie sexuelle font partie de celles qui, même normalement, sont le plus mal maîtrisées par les activités psychiques supérieures. Quiconque est par ailleurs mentalement anormal sous quelque rapport que ce soit, du point de vue social, éthique, l'est régulièrement, d'après mon expérience, dans sa vie sexuelle. Mais bien des gens sont anormaux dans la vie sexuelle, qui sont, sur tous les autres points, conformes à la moyenne, qui ont accompli pour leur compte le développement culturel humain, dont le point faible reste la sexualité.

Cependant, comme résultat le plus général de ces discussions, nous ferions ressortir le point de vue selon lequel, dans bien des circonstances et chez un nombre étonnant d'individus, l'espèce et la valeur de l'objet sexuel passent à l'arrière-plan. C'est autre chose qui, dans la pulsion sexuelle, constitue l'essentiel et la constante.

Trois essais sur la théorie sexuelle (1905-1924),
traduction de Fernand Cambon,
© Flammarion, coll. Champs Classiques,
2011, p. 106-108

LE PERVERS QUI SOMMEILLE EN L'HOMME

En mettant en évidence les motions perverses comme formatrices de symptômes dans les psycho-névroses, nous avons augmenté dans des proportions tout à fait extraordinaires le nombre d'humains qu'on pourrait ranger parmi les pervers.

Outre que les névrosés eux-mêmes représentent une classe humaine très nombreuse, il faut aussi prendre en considération le fait que les névroses constituent une gamme décroissante qui s'échelonne sans solution de continuité depuis les cas caractérisés jusqu'à la bonne santé ; Moebius n'a-t-il pas pu dire à bon droit : nous sommes tous un peu hystériques ? Le fait que les perversions sont extraordinairement répandues nous pousse ainsi à supposer que la disposition aux perversions n'est pas non plus une particularité rare, mais qu'elle est nécessairement une part de la constitution qui passe pour normale.

Nous avons appris qu'est controversée la question de savoir si les perversions remontent à des conditions innées ou naissent du fait d'expériences vécues fortuites, comme Binet en a fait l'hypothèse pour le fétichisme. À présent s'offre à nous la possibilité de trancher en disant qu'il y a, il est vrai, au fondement des perversions quelque chose d'inné, mais quelque chose *qui est inné chez tous les humains*, qui peut osciller dans son intensité au titre de disposition, et attend que des influences de la vie le mettent en relief. Il s'agit de racines innées, constitutionnellement données de la pulsion sexuelle, qui, dans une série de cas, se développent jusqu'à devenir les agents effectifs de l'activité sexuelle (pervers), qui, d'autres fois, subissent une répression insuffisante (refoulement), de sorte que, par le biais d'un détour, ils peuvent, au titre de symptômes pathologiques, accaparer une part considérable de l'énergie sexuelle, tandis que, dans les cas les plus favorables, entre ces deux extrêmes, ils donnent lieu, moyennant une limitation efficace et d'autres élaborations, à ce qu'on appelle la vie sexuelle normale.

Toutefois, nous nous dirons en outre que la constitution supposée qui présente les germes de toutes les perversions ne sera démontrable que chez l'enfant, même si, chez lui, toutes les pulsions ne peuvent entrer en scène qu'avec de modestes intensités. Si, de cette façon, se profile pour nous la formule selon laquelle les névrosés ont conservé l'état infantile de leur sexualité, ou qu'ils y ont été replongés, notre intérêt se portera sur la vie sexuelle de l'enfant, et nous voudrons parcourir le jeu des influences qui dominent le processus de développement de la sexualité enfantine jusqu'à ce qu'elle débouche sur la perversion, la névrose ou la vie sexuelle normale.

Trois essais sur la théorie sexuelle (1905-1924),
traduction de Fernand Cambon,
© Flammarion, coll. Champs Classiques,
2011, p. 143-145

Nous avons jusqu'ici laissé aux poètes le soin de nous dépeindre les « conditions déterminant l'amour » d'après lesquelles les hommes font leur choix d'objet et la façon dont ils accordent les exigences de leurs fantasmes avec la réalité. Et de fait les poètes ont des qualités leur permettant de venir à bout d'une telle tâche, avant tout une fine sensibilité, qui leur fait percevoir les mouvements cachés de l'âme d'autrui, et le courage de laisser parler leur propre inconscient. Mais du point de vue de la connaissance, quelque chose vient diminuer la valeur de ce qu'ils nous communiquent.

Les poètes sont tenus de provoquer un plaisir intellectuel et esthétique ainsi que certains sentiments déterminés ; aussi ne peuvent-ils représenter la réalité telle quelle, sans l'avoir modifiée ; ils doivent en isoler certains fragments, détruire des rapports gênants, tempérer l'ensemble et combler les lacunes. Tels sont les privilèges de ce qu'on appelle la « liberté poétique ». En outre, ils ne peuvent montrer que peu d'intérêt pour l'origine et le développement des états de l'âme qu'ils décrivent sous une forme achevée.

Dès lors, n'est-il pas inévitable que la science, avec sa main plus lourde et pour un plaisir esthétique moindre, s'occupe de ces sujets qui, élaborés par les poètes, enchantent l'humanité depuis des millénaires. Ces remarques peuvent servir à justifier notre intention de soumettre la vie amoureuse elle-même à un traitement rigoureusement scientifique. La science ne constitue-t-elle pas le plus parfait renoncement au principe de plaisir dont notre travail psychique soit capable ?

Au cours des traitements psychanalytiques on a amplement l'occasion de recueillir des données sur la vie amoureuse des névrosés ; on peut alors se rappeler avoir observé ou entendu raconter un comportement semblable chez des sujets en gros normaux ou même chez des hommes exceptionnels. Quand un matériel favorable permet d'accumuler de telles données, on voit se dégager plus nettement des types différenciés.

C'est l'un de ces types de choix d'objet chez l'homme que je vais décrire d'abord, parce qu'il se caractérise par une série de conditions déterminant l'amour, dont la coexistence n'est pas intelligible, et est même franchement déconcertante, et parce qu'il admet une explication psychanalytique simple.

1. La première de ces conditions déterminant l'amour doit être désignée comme tout à fait spécifique : aussitôt qu'on la rencontre on peut se mettre en quête des autres caractères du type. Nommons-la condition du *tiers lésé* ; elle exige que le sujet ne choisisse jamais comme objet d'amour une femme qui soit encore libre, autrement dit une jeune fille ou une femme seule, mais exclusivement une femme sur laquelle un autre homme : mari, fiancé ou ami peut faire valoir des droits de propriété. Cette condition se montre en de nombreux cas si inexorable que la même femme peut d'abord passer inaperçue ou même être dédaignée aussi longtemps qu'elle n'appartient à personne, tandis qu'elle devient l'objet d'une passion amoureuse aussitôt qu'elle entre dans l'une des relations désignées avec un autre homme.

2. La deuxième condition est peut-être moins constante, mais n'en est pas moins surprenante. Le type ne se réalise pleinement que si elle s'ajoute à la première, encore que la première paraisse aussi se présenter très souvent seule. Cette seconde condition s'énonce ainsi : la femme chaste et insoupçonnable n'exerce jamais l'attrait qui l'élèverait au rang d'objet d'amour ; seule l'exerce la femme qui d'une façon ou d'une autre a une mauvaise réputation quant à sa vie sexuelle, celle dont on peut douter qu'elle soit fidèle ou digne de confiance. Certes, ce dernier caractère peut varier selon une large gamme – depuis l'ombre légère sur la réputation d'une femme mariée qui ne répugne pas au flirt jusqu'à la conduite notoirement polygame d'une cocotte ou d'une artiste de l'amour ; de toute façon les hommes qui appartiennent à notre type ne sauraient se passer de quelque chose de ce genre. On peut en termes assez crus appeler cette condition *l'amour de la putain*. De même que la première condition offre aux tendances agonistiques et hostiles l'occasion de se satisfaire envers l'homme auquel on ravit la femme aimée, de même la seconde condition, qui veut que la femme ait quelque chose d'une putain, est en rapport avec la participation active de la *jalousie,* qui, pour les amants de ce type, paraît être un besoin. C'est seulement lorsqu'ils peuvent être jaloux que leur passion culmine, que la femme acquiert sa pleine valeur, et ils ne manquent jamais de saisir une occasion qui leur permette d'éprouver des sensations si intenses. Chose étonnante,

ce n'est pas contre le possesseur légitime de la femme aimée qu'est dirigée cette jalousie, mais contre des étrangers, des nouveaux venus qui peuvent attirer les soupçons sur la femme aimée.

Dans les cas marqués, l'amant ne montre aucun désir de posséder la femme pour lui seul et semble se trouver tout à fait à son aise dans la relation triangulaire. Un de mes patients, qui avait terriblement souffert des écarts de sa dame n'eut pourtant rien à objecter contre son mariage : au contraire, il le favorisa par tous les moyens ; envers le mari il ne manifesta jamais la moindre jalousie tout au long des années qui suivirent.

« Un type particulier de choix d'objet chez l'homme »,
La Vie sexuelle,
© PUF, 1969, p. 47-49

2) Entre normal et pathologique

Alors que la plupart confondent le « conscient » avec le « psychique », nous avons été obligés d'élargir la notion de « psychique » et de reconnaître l'existence d'un psychique qui n'est pas conscient. Il en est de même de l'identité que certains établissent entre le « sexuel » et « ce qui se rapporte à la procréation » ou, pour abréger, le « génital », alors que nous ne pouvons faire autrement que d'admettre l'existence d'un « sexuel » qui n'est pas « génital », qui n'a rien à voir avec la procréation. L'identité dont on nous parle n'est que formelle et manque de raisons profondes.

Mais si l'existence des perversions sexuelles apporte à cette question un argument décisif, comment se fait-il que cet argument n'ait pas encore fait sentir sa force et que la question ne soit pas depuis longtemps résolue ? Je ne saurais vous le dire, mais il me semble qu'il faut en voir la cause dans le fait que les perversions sexuelles sont frappées d'une proscription particulière qui se répercute sur la théorie et s'oppose à leur étude scientifique. On dirait que les gens voient dans les perversions une chose non seulement répugnante, mais aussi monstrueuse et dangereuse, qu'ils craignent d'être induits par elles en tentation et qu'au fond ils sont obligés de réprimer en eux-mêmes, à l'égard de ceux qui en sont porteurs, une jalousie secrète dans le genre de celle qu'avoue, dans la célèbre parodie de Tannhäuser, le landgrave justicier :

« À Venusberg, il a oublié honneur et devoir !

— Hélas ! ce n'est pas à nous que cette chose-là arriverait ! »

En réalité, les pervers sont plutôt des pauvres diables qui expient très durement la satisfaction qu'ils ont tant de peine à se procurer. [...]

Pour compléter ce que j'ai dit concernant l'importance des perversions sexuelles, je tiens encore à ajouter ceci. Malgré tout le discrédit qui s'attache à elles, malgré l'abîme par lequel on veut les séparer de l'activité sexuelle normale, on n'en est pas moins obligé de s'incliner devant l'observation qui nous montre la vie sexuelle normale entachée de tel ou tel autre trait pervers. Déjà le baiser peut être qualifié d'acte pervers, car il consiste dans l'union de deux zones buccales érogènes, à la place de deux organes sexuels opposés. Et, cependant, personne ne le repousse comme pervers ; on le tolère, au contraire, sur la scène comme une expression voilée de l'acte sexuel. Le baiser notamment, lorsqu'il est tellement intense qu'il est accompagné, ce qui arrive encore assez fréquemment, d'orgasme et d'émission de sperme, se transforme facilement et totalement en un acte pervers. Il est d'ailleurs facile de constater que fouiller des yeux et palper l'objet constitue pour certains une condition indispensable de la jouissance sexuelle, tandis que d'autres, lorsqu'ils sont à l'apogée de l'excitation sexuelle, vont jusqu'à pincer et à mordre leur partenaire et que chez l'amoureux en général l'excitation la plus forte n'est pas toujours provoquée par les organes génitaux, mais par une autre région quelconque du corps de l'objet. Et nous pourrions multiplier ces constatations à l'infini. Il serait absurde d'exclure de la catégorie des normaux et de considérer comme perverses les personnes présentant ces penchants isolés. On reconnaît plutôt avec une netteté de plus en plus grande que le caractère essentiel des perversions consiste, non en ce qu'elles dépassent le but sexuel ou qu'elles remplacent les organes génitaux par d'autres, ou qu'elles comportent une variation de l'objet, mais plutôt dans le caractère exclusif et invariable de ces déviations, caractère qui les rend incompatibles avec l'acte sexuel en tant que condition de la procréation. Dans la mesure où les actions perverses n'interviennent dans l'accomplissement de l'acte sexuel normal qu'à titre de préparation ou de renforcement, il serait injuste de les qualifier de perversions. Il va sans dire que le fossé qui sépare la sexualité normale de la sexualité perverse se trouve en partie comblé par des faits de ce genre. De ces faits, il résulte avec une évidence incontestable que la sexualité normale est le produit de quelque chose qui avait existé avant elle, et qu'elle n'a pu se former qu'après avoir éliminé comme inutilisables certains de ces matériaux préexistants et conservé les autres pour les subordonner au but de la procréation.

Introduction à la psychanalyse,
© Payot, 2001, p. 301-303

3) Une civilisation de la perversion ?

La civilisation pour sa part ne tend évidemment pas moins à restreindre la vie sexuelle qu'à accroître la sphère culturelle. Dès sa première phase, la phase du totémisme, ses statuts comportent l'interdiction du choix incestueux de l'objet, soit la mutilation la plus sanglante peut-être imposée au cours du temps à la vie amoureuse de l'être humain. De par les tabous, les lois et les mœurs, on établira de nouvelles restrictions frappant aussi bien les hommes que les femmes. Mais toutes les civilisations ne vont pas aussi loin sur cette voie ; la structure économique de la société exerce également son influence sur la part de liberté sexuelle qui peut subsister. Nous savons bien que sur ce point la civilisation se plie aux nécessités économiques puisqu'elle doit soustraire à la sexualité, pour l'utiliser à ses fins, un fort appoint d'énergie psychique. Elle adopte là un comportement identique à celui d'une tribu ou d'une classe de population qui en exploite et en pille une autre après l'avoir soumise. La crainte de l'insurrection des opprimés incite à de plus fortes mesures de précaution. Notre civilisation européenne occidentale a atteint, comme elle nous le montre, un point culminant dans cette évolution. Mais si elle commence par interdire sévèrement toute manifestation de la sexualité infantile, ce premier acte est psychologiquement tout à fait justifié, car l'endiguement des brûlants désirs sexuels de l'adulte n'a aucune chance d'aboutir s'il n'a pas été amorcé pendant l'enfance par un travail préparatoire. Ce qui, en revanche, ne se justifie en aucune manière, c'est que la société civilisée soit allée jusqu'à nier ces phénomènes si frappants et si faciles à démontrer. Le choix d'un objet par un individu venu à maturité sexuelle sera limité au sexe opposé, la plupart des satisfactions extra-génitales seront prohibées en tant que perversions. Toutes ces interdictions traduisent l'exigence d'une vie sexuelle identique pour tous ; cette exigence, en se mettant au-dessus des inégalités que présente la constitution sexuelle innée ou acquise des êtres humains, retranche à un nombre appréciable d'entre eux le plaisir érotique et devient ainsi la source d'une grave injustice. Le succès de ces mesures restrictives pourrait consister alors en ceci que l'intérêt sexuel tout entier, du moins chez les sujets normaux dont la constitution ne s'opposerait pas à pareille réaction, se précipitât sans subir de déperdition dans les « canaux » laissés ouverts. Mais la seule chose demeurée libre et échappant à cette proscription, c'est-à-dire l'amour hétérosexuel et génital, tombe sous le coup de nouvelles limitations imposées par la légitimité et la monogamie. La civilisation d'aujourd'hui donne clairement à entendre qu'elle admet les relations sexuelles à l'unique condition qu'elles aient pour base l'union indissoluble, et contractée une fois pour toutes, d'un homme et d'une femme ; qu'elle ne tolère pas la sexualité en tant que source autonome de plaisir et n'est disposée à l'admettre qu'à titre d'agent de multiplication que rien jusqu'ici n'a pu remplacer.

C'est là naturellement aller à l'extrême. Chacun sait que ce plan s'est révélé irréalisable, fût-ce pour une courte durée. Seuls les débiles ont pu s'accommoder d'une si large emprise sur leur liberté sexuelle ; quant aux natures plus fortes, elles ne s'y sont prêtées que sous la condition de l'octroi d'une compensation dont il sera question plus loin. La société civilisée s'est vue obligée de fermer les yeux sur maintes dérogations que, fidèle à ses statuts, elle aurait dû poursuivre. D'autre part, évitons de verser dans l'erreur contraire en admettant qu'une telle attitude de la part d'une civilisation soit complètement inoffensive puisqu'elle ne remplit pas toutes ses intentions. La vie sexuelle de l'être civilisé est malgré tout gravement lésée ; elle donne parfois l'impression d'une fonction à l'état d'involution, comme paraissent l'être en tant qu'organes nos dents et nos cheveux. On est vraisemblablement en droit d'admettre qu'elle a sensiblement diminué d'importance en tant que source de bonheur, en tant par conséquent que réalisation de notre objectif vital.

Le Malaise dans la civilisation,
© PUF, 1930, p. 55-57

Bibliographie

En première approche :

Jacques André, *Les 100 mots de la psychanalyse*, PUF, « Que sais-je ? », 2009.
Gérard Bonnet, *Les Perversions sexuelles*, PUF, « Que sais-je ? », 1983.
Daniel Lagache, *La Psychanalyse*, PUF, « Que sais-je ? », 1955.

Ouvrages de vulgarisation :

Jean Laplanche et Jean-Baptiste Pontalis, *Vocabulaire de la psychanalyse*, Presses universitaires de France, 1967.
Élisabeth Roudinesco et Michel Plon, *Dictionnaire de la psychanalyse*, Fayard, 1997.

Ouvrages spécialisés :

Joël Dor, « Perversion », *in* Pierre Kaufmann, *L'Apport freudien. Éléments pour une encyclopédie de la psychanalyse*, Bordas, 1993.
Jean-Paul Hiltenbrand, « Perversion », *in* Roland Chemama, Bernard Vandermersch, *Dictionnaire de la psychanalyse*, Larousse, 1995.

Achevé d'imprimer en Italie par  Grafica Veneta
en juillet 2016
Dépôt légal décembre 2014
EAN 9782290078587
OTP L21ELLN000586C002
—
Ce texte est composé en Lemonde journal et en Akkurat
—
Conception des principes de mise en page :
mecano, Laurent Batard
—
Composition : PCA
—
ÉDITIONS J'AI LU
87, quai Panhard-et-Levassor, 75013 Paris
Diffusion France et étranger : Flammarion

Librio

1134